prépabac

Réussir l'examen

Sciences économiques et sociales

T^le^ ES

Jean-Marc Gauduchea
Professeur agrégé de Sciences sociales
au lycée Carcouët (Nantes)

Rozenn Guéguen
Professeur certifiée de Sciences économiques
et sociales au lycée Carcouët (Nantes)

Franck Rimbert
Professeur agrégé de Sciences économiques
et sociales au lycée Guist'hau (Nantes)

Hatier

L'ÉPREUVE DE SES AU BAC

- L'**épreuve écrite** dure 4 heures. Vous avez le choix entre **deux sujets** de nature différente, une dissertation s'appuyant sur un dossier et une épreuve composée de trois parties distinctes.

Type d'exercice	Détails de l'épreuve
Dissertation s'appuyant sur un dossier documentaire	Le libellé du sujet vous invite à poser et à traiter, d'une façon organisée et réfléchie, un problème exigeant un effort d'analyse économique et/ou sociologique. Le dossier comporte 3 ou 4 documents.
Épreuve composée (partie 1) : **mobilisation des connaissances**	Il s'agit de répondre à deux questions, relatives à deux thèmes différents du programme, en faisant appel à vos connaissances personnelles.
Épreuve composée (partie 2) : **étude d'un document**	Vous devez répondre à la question en adoptant une démarche méthodologique rigoureuse de présentation du document, de collecte et de traitement de l'information.
Épreuve composée (partie 3) : **raisonnement s'appuyant sur un dossier documentaire**	Le libellé du sujet vous invite à développer un raisonnement, à rassembler et à mettre en ordre des informations pertinentes issues du dossier documentaire et de vos connaissances personnelles. Le dossier comporte 2 ou 3 documents.

- L'**épreuve orale de contrôle** dure 20 minutes. Le temps de préparation est de 30 minutes. Vous avez le choix entre deux sujets. Le sujet comprend :
– une question principale, qui prend appui sur deux documents ;
– trois questions simples, dont une en lien avec l'un des deux documents.

ISBN 978-2-218-97801-2

Le mot des auteurs

Pourquoi ce Prépabac ?

Pour vous aider à vous préparer à l'épreuve de SES, tout au long de l'année et lors de la phase de révision finale.

Sur chaque thème du programme, vous sont proposés des **fiches** de synthèse, un quiz pour faire un **bilan** rapide de vos connaissances et des **sujets de type bac corrigés** pas à pas.

FICHES | **BILAN** | **SUJETS CORRIGÉS**

Quel a été notre objectif ?

Tous enseignants de SES, nous avons travaillé avec le même objectif : vous proposer un **outil de travail complet et efficace**.

Jean-Marc Gauducheau

Rozenn Guéguen

Franck Rimbert

Et le site annabac.com, quels compléments offre-t-il ?

L'achat de ce Prépabac vous permet de bénéficier d'un **accès GRATUIT** à toutes les **ressources d'annabac.com** : fiches de cours, podcasts, quiz interactifs, exercices et sujets corrigés...

Pour profiter de cette offre, rendez-vous sur www.annabac.com, dans la rubrique « Vous avez acheté un ouvrage Hatier ? ».

SOMMAIRE

Quelle est la place de l'Union européenne dans l'économie globale ?

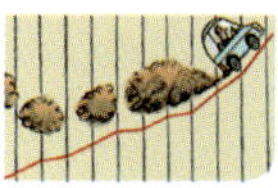

La croissance économique est-elle compatible avec la préservation de l'environnement ?

SOCIOLOGIE

Comment analyser la structure sociale ?

FICHES

Comment rendre compte de la mobilité sociale ?

FICHES

Quels liens sociaux dans des sociétés où s'affirme le primat de l'individu ?

FICHES

La conflictualité sociale : pathologie, facteur de cohésion ou moteur du changement social ?

REGARDS CROISÉS

Comment les pouvoirs publics peuvent-ils contribuer à la justice sociale ?

Comment s'articulent marché du travail et gestion de l'emploi ?

Quelles politiques pour l'emploi ?

SCIENCE ÉCONOMIQUE

Quelles sont les sources de la croissance économique?

FICHES

BILAN

SUJETS CORRIGÉS

1 Qu'est-ce que la croissance ?

Définir la croissance économique implique de pouvoir la mesurer, et donc de s'interroger sur la pertinence des indicateurs utilisés à cet effet.

I La croissance : définition et mesure

La croissance économique correspond à l'**augmentation, pendant une période longue, de la production** de biens et services dans une économie. C'est un **phénomène durable et irrégulier** → Fiche 4.

On retient généralement la **variation du PIB réel** (exprimée en %) comme indicateur de croissance. Une grandeur économique est mesurée en termes réels quand on élimine les effets de l'inflation.

$$\text{PIB réel (en volume ou en euros constants)} = \frac{\text{PIB nominal (en valeur ou en euros courants)}}{\text{indice des prix}} \times 100$$

Le produit intérieur brut (PIB) est un **indicateur quantitatif** qui permet de mesurer les richesses produites. C'est un agrégat représentant la valeur des biens et services produits pendant une année par les agents résidant sur le territoire national.

Un **agrégat** est une grandeur synthétique mesurant le résultat de l'activité de l'ensemble de l'économie.

Il existe **trois modes de calcul du PIB**, correspondant à trois façons de décrire l'activité économique :
- en mesurant les richesses créées ;
- en observant l'utilisation de ce qui a été produit ;
- en calculant les revenus distribués lors de la production.

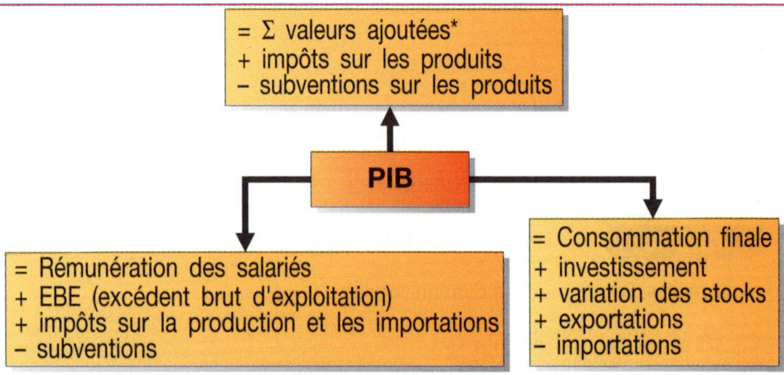

* La valeur ajoutée (VA) correspond à la richesse réellement créée par les organisations productives.
VA = chiffre d'affaires – consommations intermédiaires.

Doc. 1. Les trois modes de calcul du PIB

II Les limites du PIB et les nouveaux indicateurs

1. Le PIB, un indicateur imparfait de mesure de l'activité économique

- Le PIB ne comptabilise que la production résultant d'une **activité rémunérée**. Il ne tient compte ni de l'économie souterraine (travail non déclaré ou illégal) ni des activités hors marché (troc, tâches ménagères, bénévolat) qui représentent pourtant une part non négligeable de la production de biens et services.
- Le PIB mesure mal la **production non marchande** (administrations, services publics…) : il considère que la valeur des services non marchands est égale à leur coût de production.
- Le PIB n'intègre pas les externalités et ignore notamment les effets de l'activité économique sur l'environnement.
- Le PIB ne donne aucune information sur la **répartition des revenus**. Une hausse du PIB peut pourtant s'accompagner d'une aggravation des inégalités. Par ailleurs, si le PIB augmente, rien n'indique que **le bien-être de la population** se soit amélioré.

Une **externalité** est la conséquence pour un agent économique de l'activité d'autres agents économiques. Elle peut être positive ou négative.

2. Les nouveaux indicateurs

Il est donc apparu indispensable de développer de nouveaux indicateurs de richesse qui intègrent des notions telles que le développement et le bien-être des populations.

- L'**indicateur de développement humain (IDH)** du Programme des Nations unies pour le développement (PNUD) a été conçu en 1990 pour prendre en compte la **dimension qualitative du progrès socio-économique**. Il se calcule comme la moyenne géométrique d'un indice d'espérance de vie, d'un indice d'éducation (qui tient compte de la durée moyenne de scolarisation et de la durée attendue de scolarisation) et d'un indice de niveau de vie apprécié par le RNB/habitant en PPA (parité de pouvoir d'achat). L'IDH est compris entre 0 et 1 ; plus il est proche de 1, plus le niveau de développement est élevé.
- D'**autres indicateurs** proposent une approche plus qualitative : l'indice de bien-être économique (IBEE), l'épargne nette ajoutée (ENA) ou encore l'indicateur de pauvreté humaine (IPH).

EN BREF

La croissance, phénomène quantitatif et durable, est mesurée à l'aide du produit intérieur brut (PIB) mais cet indicateur purement quantitatif est aujourd'hui remis en cause.

2 Quels sont les déterminants de la croissance ?

Depuis Adam Smith [1776], la croissance économique est au centre de la théorie économique. Ce concept central est indissociable de la notion de production.

I Production et productivité globale

- La production est définie par l'Insee comme « l'activité économique socialement organisée consistant à créer des biens et des services s'échangeant habituellement sur le marché ou obtenus à partir de facteurs de production rémunérés ».
- Pour produire des biens et des services, les organisations productives combinent des **facteurs de production** :
  - le **travail**, qui correspond à l'activité humaine nécessaire à la production de biens et services ;
  - le **capital fixe**, qui comprend l'ensemble des biens qui sont utilisés durablement (plus d'un an) dans le processus de production (outils, terrains, machines, bâtiments...).
- Le niveau de la production (Y) peut s'exprimer comme une fonction des facteurs de production, travail (L) et capital (K) : $Y = F(K, L)$
- La productivité **globale des facteurs**, renseigne sur l'efficacité globale des facteurs de production.

On distingue la **production marchande** de la **production non marchande**.

La **productivité** correspond au rapport entre ce qui a été produit (*output*) et les facteurs de production mis en œuvre pour obtenir cette production (*input*).

II L'analyse traditionnelle de la croissance

1. L'augmentation des facteurs de production peut favoriser la croissance

La croissance est dite **extensive** si elle résulte d'une augmentation des facteurs de production.

- L'augmentation de la **quantité de travail** devrait permettre de produire davantage, mais la contribution du travail à la croissance dépend aussi de la variation de la **durée du travail** et de la **qualité du travail**.

- L'augmentation du **capital fixe (investissement)** a un impact majeur sur la croissance car elle joue à la fois sur l'offre et sur la demande :
- Keynes a montré qu'une hausse de l'investissement entraîne une hausse plus que proportionnelle de la demande (**mécanisme du multiplicateur**).
- Pour les économistes de l'offre, l'investissement favorise la croissance en augmentant les capacités de production.

2. La croissance peut provenir de facteurs de production plus efficaces

- Un certain nombre d'études montrent cependant qu'une part importante de la croissance ne s'explique pas par l'augmentation des facteurs de production mais par la **productivité globale de ces facteurs**.

- Les économistes attribuent en général la croissance au progrès technique, qui permet des gains de productivité en rendant la combinaison du travail et du capital de plus en plus efficace. La croissance est alors dite **intensive**.

III Les nouvelles théories de la croissance : les modèles de croissance endogène

Dans la seconde moitié des années 1980, de nouvelles théories de la croissance sont développées par des économistes comme P. Romer, R. Barro et R. Lucas.

- La croissance n'est pas liée à l'augmentation de la population ou aux progrès technologiques : elle est **endogène**, c'est-à-dire qu'elle résulte des comportements et des décisions des agents économiques. La source de la croissance se trouve donc dans les investissements en biens d'équipement ou encore dans les dépenses de recherche et développement ou d'éducation.

- Dans ces modèles de croissance endogène, l'augmentation de la productivité globale des facteurs provient de l'**accumulation de différentes formes de capital** : capital humain, technologique ou public. Cette accumulation génère des externalités positives, elles-mêmes favorables à la croissance.

> Le **capital humain** correspond au stock de compétences, expériences et savoirs possédés par les individus qui sont valorisables économiquement.

EN BREF

La croissance peut avoir des facteurs exogènes (augmentation des facteurs de production, plus grande efficacité de ces facteurs) ou endogènes (elle dépend alors du comportement des agents).

3 Comment l'État et les institutions influencent-ils la croissance ?

L'État, en favorisant les facteurs de la croissance (accumulation de capital et innovation) et en garantissant des infrastructures et un cadre institutionnel propice, est un acteur clé de la croissance économique.

I L'État peut encourager l'innovation

L'innovation est un moteur essentiel de la croissance, mais le marché ne peut suffire à la garantir. L'intervention de l'État s'avère indispensable pour favoriser les activités de recherche et développement.

1. Les défaillances du marché

L'innovation est coûteuse (elle provoque des dépenses sur une période parfois longue avant de s'avérer rentable) et risquée (un concurrent peut s'approprier les résultats de la recherche sans en supporter les coûts). Le risque est alors que les entreprises adoptent un comportement de « **passager clandestin** », se contentant de chercher à obtenir l'information produite à peu de frais.

2. Comment l'État intervient-il ?

- L'État finance largement la recherche fondamentale qui profite à de nombreux agents économiques mais dont la rentabilité est incertaine et lointaine.
- Il met en place des règles afin de protéger les inventeurs : les droits de propriété intellectuelle (DPI).
- Il participe au financement de l'**effort de recherche des entreprises** en leur versant des subventions ou en accordant des crédits d'impôt.

La **recherche fondamentale** a pour objectif de produire des connaissances, elle n'a pas de finalité économique.

Les **droits de propriété intellectuelle** comprennent les brevets d'invention, les droits d'auteurs et les marques (produits déposés et protégés de la copie).

II L'État peut favoriser l'accumulation de capital humain et public

- Les modèles de croissance endogène ont mis en évidence le rôle essentiel de l'accumulation du capital humain pour la croissance → Fiche 2. L'État favorise l'accumulation de capital humain notamment par le financement des **dépenses d'éducation et de formation professionnelle** qui permettront d'accroître le stock de connaissances.

■ L'accumulation de capital public joue également un rôle moteur dans la croissance. L'État favorise alors la croissance en investissant et en finançant les **infrastructures** telles que les réseaux de transport ou de télécommunication.

Le **capital public** est constitué des infrastructures publiques ainsi que des biens et services fournis par les collectivités publiques (sécurité ou éducation par exemple).

III L'intervention publique peut modifier l'environnement institutionnel

L'État intervient enfin en construisant un cadre juridique et réglementaire, en mettant en place des institutions nécessaires au bon fonctionnement économique et social.

Les **institutions** désignent l'ensemble des règles et des organisations qui structurent la société, aussi bien dans la sphère économique que dans la sphère sociale.

1. La croissance nécessite des institutions stables

Le rôle de l'État sur la croissance consiste aussi à mettre en place des **institutions** qui assurent un environnement favorable à la croissance :
- institutions financières : monnaie, système bancaire...
- institutions juridiques : existence d'un droit de propriété, interdiction du vol...
- institutions politiques : la stabilité politique est en effet essentielle ; l'exemple des pays en développement, qui conjuguent instabilité politique et faible croissance, suffit à s'en convaincre.

2. Les institutions financières

La croissance nécessite des **institutions financières efficaces** : monnaie stable, possibilité d'accès au crédit pour financer l'investissement...

■ Un système financier plus développé permet une plus grande **mobilisation de l'épargne** : les institutions financières favorisent l'investissement en mutualisant les risques et en favorisant des placements moins liquides (placements qui peuvent être moins facilement convertis en liquidité).

■ Il permet aussi de sélectionner des projets d'investissement plus rentables qui génèrent des externalités positives, d'où une **meilleure allocation du capital** (répartition du capital sur des projets d'investissement plus productifs) et plus de croissance.

EN BREF

En encourageant l'innovation, en favorisant l'accumulation de capital et en agissant sur l'environnement institutionnel, l'État contribue à créer un environnement favorable à la croissance.

Quiz express

Vérifiez que vous avez bien retenu les points clés des **fiches 1 à 3**.

Qu'est-ce que la croissance ?

1 Vrai ou faux ? Cochez la bonne case.

	VRAI	FAUX
a. Le PIB réel (en volume) permet de connaître les quantités de biens et services produits dans une économie.	☐	☐
b. Le PIB réel (en volume) permet d'éliminer les effets de l'inflation.	☐	☐
c. Le PIB réel est obtenu en divisant le PIB nominal par l'indice des prix et en multipliant le tout par 100.	☐	☐

2 Pourquoi le PIB est-il un indicateur imparfait de mesure de l'activité économique ?

☐ **a.** Il comptabilise les externalités positives et négatives.
☐ **b.** Il ne mesure pas la production non marchande.
☐ **c.** Il ne comptabilise que la production qui résulte d'une activité rémunérée.

3 Une hausse du PIB correspond à :

☐ **a.** une hausse de la croissance économique.
☐ **b.** une amélioration du bien-être de la population.
☐ **c.** une hausse des richesses produites pendant un an sur le territoire économique national.

SUJET 1

Quels sont les déterminants de la croissance ?

4 Vrai ou faux ? Cochez la bonne case.

	VRAI	FAUX
a. La production désigne l'ensemble des biens et services vendus.	☐	☐
b. Pour l'Insee, il y a production dès lors que les facteurs de production ont été acquis sur le marché.	☐	☐
c. Les ménages réalisent une production non marchande.	☐	☐

5 Quand peut-on parler de gains de productivité du travail ?

☐ **a.** Lorsque la production augmente de 10 alors que le temps de travail augmente de 8.

☐ **b.** Lorsque la production augmente de 10 alors que le temps de travail augmente de 12.

☐ **c.** Lorsque la production baisse de 2 alors que le temps de travail baisse de 5.

6 Les modèles de croissance endogène expliquent la croissance économique par :

☐ **a.** une augmentation des facteurs de production.

☐ **b.** une augmentation du capital humain notamment.

☐ **c.** les comportements et décisions des agents économiques.

SUJETS 2 ET 3

Comment l'État et les institutions influencent-ils la croissance ?

7 Comment l'État encourage-t-il l'innovation ?

☐ **a.** En protégeant les inventeurs.

☐ **b.** En participant à l'effort de recherche des entreprises.

☐ **c.** En finançant la recherche fondamentale.

8 Lesquelles de ces affirmations sont exactes ?

☐ **a.** L'État favorise l'accumulation de capital public en finançant les infrastructures comme les réseaux de télécommunications.

☐ **b.** L'État augmente le capital humain favorable à la croissance quand il diminue les dépenses d'éducation.

☐ **c.** Pour les modèles de croissance endogène, l'accumulation du capital humain et du capital public joue un rôle minime dans la croissance économique.

9 Pourquoi l'État intervient-il ?

☐ **a.** Pour créer un environnement favorable à la croissance.

☐ **b.** Pour mettre en place des institutions financières et juridiques nécessaires à la croissance.

SUJET 4

RÉPONSES

1. Seule a est fausse. • **2.** c • **3.** a et c • **4.** Seule b est vraie. La réponse a correspond à la définition de la production marchande ; les ménages ne réalisent pas de production économique. • **5.** a et c • **6.** b et c • **7.** a, b et c • **8.** Seule a est vraie. • **9.** a et b

SUJET 1 | Les limites du PIB

MOBILISATION DES CONNAISSANCES

Quelles sont les limites du PIB comme indicateur de richesses ?

DÉMARRONS ENSEMBLE

- Pour répondre à cette question, vous devez montrer que vous maîtrisez la notion de PIB qui est un **indicateur de richesses économiques**.
- Votre réponse doit être structurée. En introduction, vous devez obligatoirement **définir** la notion à laquelle la question fait référence : ici, le produit intérieur brut.

CORRIGÉ

CORRIGÉ RÉDIGÉ

Lors de l'épreuve, vous devrez répondre à deux questions de mobilisation des connaissances, portant chacune sur des champs différents du programme (science économique ; sociologie ; regards croisés).

[INTRODUCTION]

Le produit intérieur brut (PIB) représente les richesses produites par les agents économiques résidant sur le territoire national au cours d'une année. Cependant, cet indicateur quantitatif connaît certaines limites qui remettent en cause sa capacité à représenter l'ensemble des richesses d'une économie nationale.

> Il est important de bien définir le **PIB**, qui est une notion essentielle du programme.

[DÉVELOPPEMENT]

- Une première limite tient à son **mode de calcul**. En effet, le PIB ne prend en compte que la production résultant d'une activité rémunérée, ce qui exclut le travail bénévole, le travail domestique ainsi que l'économie souterraine (travail non déclaré par exemple). La mesure du PIB sous-évalue donc les richesses créées par la société. Cette sous-évaluation est aggravée par le fait que le PIB considère que la valeur de la production non marchande est égale à son coût de production. Le PIB des pays dans lesquels la part de la production non marchande est élevée sera donc sous-évalué par rapport aux pays pour lesquels la production marchande est relativement plus importante.

- Une autre limite trouve sa source dans la **confusion** pouvant exister **entre richesses économiques et bien-être**. Pour la Comptabilité nationale, est richesse tout ce qui donne lieu à une production, même si les effets sur la société sont négatifs. Ainsi, des externalités négatives telles que la pollution ou les accidents de la route permettent d'accroître le PIB alors que, socialement, leurs effets sont néfastes. De plus, une augmentation du PIB peut ne profiter qu'à une minorité de la population car les fruits de cette croissance sont inégalement répartis et le bien-être de la majorité ne se trouve pas amélioré.

[CONCLUSION]

Instrument indispensable pour l'analyse de la situation d'une économie nationale, le PIB est trop imparfait pour être un bon indicateur de la richesse.

SUJET 2 | La croissance endogène

MOBILISATION DES CONNAISSANCES

Expliquez le processus de croissance endogène.

DÉMARRONS ENSEMBLE

- Pour répondre à cette question, vous devez **mobiliser** vos connaissances personnelles.
- En introduction, vous devez obligatoirement **définir** la notion à laquelle la question fait référence : ici, la croissance endogène.

CORRIGÉ

CORRIGÉ RÉDIGÉ

Lors de l'épreuve, vous devrez répondre à deux questions de mobilisation des connaissances, portant chacune sur des champs différents du programme (science économique ; sociologie ; regards croisés).

[INTRODUCTION]

La **croissance endogène** désigne un processus par lequel la croissance économique **s'auto-alimente** : la croissance est alors due à des facteurs qui dépendent eux-mêmes de la croissance et la favorisent par des gains de productivité. Elle est la conséquence d'**externalités positives** favorisées par l'État.

[DÉVELOPPEMENT]

- Une externalité positive est l'avantage procuré par l'action d'un agent économique à un autre agent, sans que ce dernier ne rémunère le premier pour son action. Ainsi, les travaux de **recherche** réalisés par une entreprise peuvent profiter aux autres entreprises, et pas seulement à celle qui a innové. Dès lors, toutes les entreprises bénéficient de **gains de productivité**, qui se traduiront par une accélération de la croissance économique.
- De par son action, l'**État** est à l'origine d'externalités positives et favorise la croissance à long terme. Il peut encourager la **recherche fondamentale** en la finançant directement (instituts de recherche comme le CNRS, universités, laboratoires). Il peut également encourager la **recherche appliquée** en ver-

sant des subventions aux entreprises qui réalisent ces recherches, en favorisant la création de pôles dans lesquels entreprises et instituts de recherche travaillent ensemble. Les dépenses d'éducation améliorent la **qualité de la main-d'œuvre**, facteur de croissance économique.

[CONCLUSION]

La croissance endogène s'explique principalement par l'existence d'externalités positives dont l'État se trouve le plus souvent à l'origine.

SUJET 3 | Facteurs de production et croissance économique

ÉTUDE D'UN DOCUMENT

Après avoir présenté et analysé le document ci-dessous, expliquez le rôle des facteurs de production dans la croissance.

DOCUMENT **Comparaison internationale des contributions des facteurs de production à la croissance économique (1993-2003)**

Pays	Taux de croissance annuel moyen du PIB en %	Contribution à la croissance économique en points de %		
		Facteur travail	Facteur capital	Facteur résiduel
Danemark	2,1	0,4	1,1	0,7
Espagne	2,8	1,1	1,2	0,5
États-Unis	3,1	0,9	0,9	1,3
France	1,9	0,1	0,6	1,4

Source : Office fédéral de la statistique suisse (OFS), octobre 2006.

Les résultats sont arrondis, il se peut que les montants totaux s'écartent légèrement de la somme des différentes valeurs qui les composent.

DÉMARRONS ENSEMBLE

- Vous devez répondre à la question en utilisant le document statistique. Ce dernier doit être présenté en faisant référence aux **différents éléments contribuant à la croissance**. Ainsi, l'étude du tableau met en évidence le facteur résiduel, qui est assimilé au progrès technique. Ce document permet également de préciser la contribution du facteur capital et du facteur travail, qui sont les facteurs de production dont la combinaison permet de transformer les produits de la consommation intermédiaire pour créer une nouvelle valeur, la valeur ajoutée.
- Attention, pensez à utiliser les **données** et à faire des **calculs** sur ces données.

CORRIGÉ

CORRIGÉ RÉDIGÉ

[INTRODUCTION]

Ce tableau statistique présente la contribution des facteurs de production capital et travail à la croissance économique. Sa source est l'Office fédéral de la statistique suisse (OFS).

[DÉVELOPPEMENT]

- Ce document permet de mesurer les **parts respectives du capital et du travail dans la croissance**. Ainsi, pour prendre l'exemple du Danemark, avec une croissance des quantités produites de 2,1 % en moyenne par an, la contribution du facteur travail est de 0,4 point, c'est-à-dire approximativement un cinquième de la croissance. Mais on peut constater que la somme des contributions du capital et du travail est insuffisante pour expliquer la croissance. Toujours pour le Danemark, cette somme représente 1,5 point de pourcentage en moyenne par an, alors que la croissance annuelle moyenne est de 2,1 %. Il reste donc une **partie non expliquée de la croissance**, que les économistes vont nommer le résidu. Celui-ci est une mesure de la productivité globale des facteurs de production et un indicateur du progrès technique.

La **présentation du document** demande une lecture très précise des données statistiques.

- Ce tableau permet d'observer que **la contribution des facteurs de production est différente suivant les pays**. Pour l'Espagne, le facteur résiduel représente à peine un cinquième de la croissance annuelle moyenne sur la période 1993-2003 ; pour la France, la part du résidu est d'à peu près deux tiers ; pour le Danemark, c'est le facteur capital qui joue le rôle le plus important (près de la moitié de la croissance annuelle moyenne) ; pour les États-Unis, la contribution des différents facteurs est quasiment équilibrée.

Les **calculs** sont indispensables pour pouvoir faire des comparaisons. Ils seront cependant approximatifs, la calculatrice n'étant pas autorisée lors de l'épreuve.

[CONCLUSION]

On peut conclure de ce document statistique que le rôle du **progrès technique** est différent selon les pays pour la période étudiée, ce qui n'est pas sans conséquences sur l'emploi et la croissance future.

SUJET 4 | Les institutions publiques et la croissance

| RAISONNEMENT |

À l'aide du dossier documentaire et de vos connaissances, montrez comment les institutions publiques sont des acteurs de la croissance.

DOCUMENT 1 Les dépenses intérieures de la recherche et développement publique (en millions d'euros courants)

	1992	2007	2008	2009[1]
État et collectivités territoriales	5 400	6 427	6 564	6 986
Enseignement supérieur[2]	3 945	7 663	8 228	845

Source : ministère de l'Enseignement supérieur et de la Recherche, *Repères et références statistiques sur les enseignements, la formation et la recherche*, septembre 2011.

1. Les données de 2009 sont semi-définitives.

2. Dans les statistiques sur la recherche-développement, on distingue l'État de l'enseignement supérieur qui comprend les universités et les établissements publics d'enseignement supérieur, le CNRS, les centres hospitaliers universitaires et les centres de lutte contre le cancer. Mais pour les deux, le financement est public.

DOCUMENT 2 Les effets des dépenses publiques sur la croissance

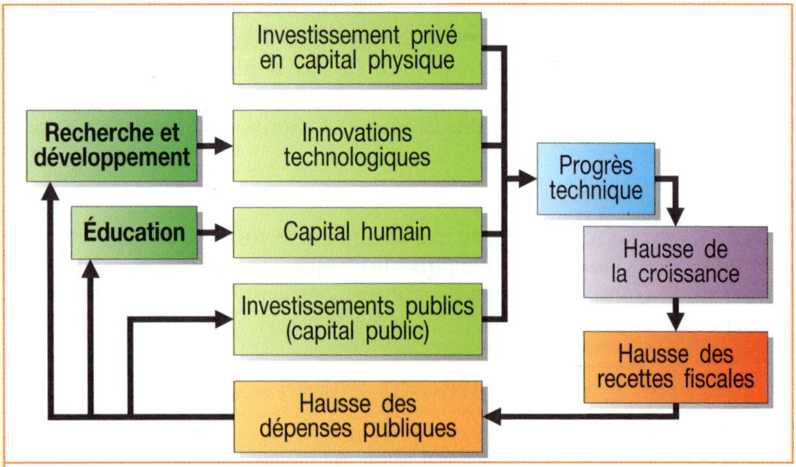

Source : d'après *SES Terminale*, Hatier, 2007

DOCUMENT 3

Dans les pays développés, on a tendance à considérer les droits de propriété comme une évidence ; les habitants des pays les moins développés savent que l'absence de droits de propriété pose de sérieux problèmes. En outre, dans de nombreux pays, le système judiciaire est peu efficace : les contrats sont rarement respectés, la fraude demeure impunie. Dans les situations extrêmes, le gouvernement est non seulement incapable de faire respecter les droits de propriété, mais il ne les respecte pas lui-même. Pour pouvoir opérer dans certains pays, les entreprises doivent verser des dessous-de-table aux représentants des gouvernements. Cette corruption freine le bon fonctionnement des marchés, décourage l'épargne locale et l'investissement étranger.

Gregory Mankiw, *Principes d'économie*, Economica, 1998.

DÉMARRONS ENSEMBLE

- Votre réponse au sujet doit être argumentée en faisant appel à la fois aux **documents** et à vos **connaissances** personnelles, notamment sur la notion d'externalités.
- Vous devez absolument **éviter la paraphrase**. Les documents servent soit à illustrer une idée, soit à développer un argument.
- N'oubliez pas les **calculs** permettant de mieux utiliser les données du document 1.

CORRIGÉ

CORRIGÉ RÉDIGÉ

Les titres de partie ne doivent pas figurer sur votre copie.

[INTRODUCTION]

L'innovation est au cœur de la croissance économique. Selon Schumpeter, l'entrepreneur-innovateur est le principal agent qui favorise l'innovation. Cependant, les institutions publiques jouent un rôle important, à la fois en créant un environnement favorable à l'innovation et en l'encourageant.

I Le rôle des institutions publiques dans l'innovation

- L'innovation constitue, pour l'ensemble de l'économie nationale, une externalité positive c'est-à-dire qu'elle profite à

La notion d'**externalité positive** est indispensable pour traiter le sujet.

l'ensemble des agents économiques sans que ceux-ci aient à rétribuer l'agent innovateur.

Calculez le **coefficient multiplicateur** en utilisant les données du document 1.

- Elle est le produit du processus de **recherche-développement**, qui nécessite un financement important dont la rentabilité peut être faible, voire nulle. C'est pourquoi les pouvoirs publics financent une part non négligeable de ce processus. Entre 1992 et 2009, en France, les dépenses de recherche-développement de l'État et des collectivités territoriales ont été multipliées par 1,3 environ (document 1).
- Durant la même période, ce sont les dépenses consacrées à l'enseignement supérieur qui ont le plus fortement augmenté : elles ont plus que doublé (document 1). Ce **financement public** est surtout en direction de la recherche fondamentale, étape qui précède, dans le processus de recherche et développement, la recherche appliquée puis la construction d'un prototype aboutissant enfin à l'innovation. Cependant, la recherche implique des chercheurs ayant un niveau de formation élevé et l'utilisation des innovations de procédé nécessite une main-d'œuvre plus qualifiée. En prenant en charge les dépenses de formation, les institutions publiques favorisent l'amélioration du capital humain dont profiteront toutes les entreprises (externalité positive décrite dans le document 2).

II Les institutions publiques, garantes d'un environnement stable pour le marché

- La croissance économique exige un environnement économique et politique stable, ainsi que des institutions fortes. Les institutions publiques ont donc un rôle à jouer en garantissant la stabilité de l'environnement des agents économiques. Ainsi, l'existence de droits de propriété donne aux agents la garantie de pouvoir bénéficier de leurs innovations (document 3). Ces **droits de propriété** permettent de définir une législation sur les brevets, ceux-ci donnant à l'entreprise innovatrice une situation temporaire de monopole qui, selon Schumpeter, génère un surprofit ou rente de monopole. Cependant, l'État doit également légiférer pour faire respecter les **principes de la concurrence**, celle-ci étant le principal aiguillon de l'innovation.

[CONCLUSION]

Les institutions publiques sont des acteurs importants de la croissance. Elles favorisent l'innovation en prenant en charge une partie des dépenses de recherche et développement ainsi que celles concernant l'éducation pour améliorer le capital humain. De plus, elles assurent un environnement stable aux agents économiques grâce aux règles qu'elles mettent en place.

La **conclusion** résume les arguments avancés pour traiter le sujet.

Comment expliquer l'instabilité de la croissance ?

FICHES

BILAN

SUJETS CORRIGÉS

4 La croissance, un phénomène irrégulier ?

La croissance est irrégulière, les crises économiques constituant une rupture que l'on voit apparaître en étudiant les cycles économiques.

I Les cycles économiques

1. La croissance est irrégulière

- La croissance économique n'est **pas linéaire**, elle se caractérise par une succession de phases d'expansion puis de ralentissement de l'activité économique.
- Si, à long terme, l'économie connaît une hausse de la croissance autour d'un *trend*, l'activité économique connaît à court terme des **fluctuations** dont témoignent les variations des grandeurs économiques : production, emploi…
- Quand les fluctuations de la croissance présentent une certaine régularité et périodicité, on peut alors parler de **cycle économique**.

On appelle ***trend*** les mouvements de longue durée affectant les phénomènes économiques.

2. Cycle et crise

- Un cycle économique est constitué de **quatre phases** :
  - une phase d'expansion (augmentation de la production, des prix) ;
  - un point de retournement qui constitue la crise au sens strict ;
  - une phase de récession et/ou de dépression (au sens de l'Insee, la récession est constatée par la contraction du PIB durant au moins deux trimestres consécutifs) ;
  - une phase de reprise ou de retournement vers la croissance. C'est le second point d'inflexion de la crise.
- La **crise économique** (au sens strict) correspond donc au retournement brutal de la conjoncture économique qui fait succéder une phase de récession à une phase d'expansion. Au sens large, on y ajoute la phase de récession et/ou de dépression.

La **récession** désigne le ralentissement de la hausse de la production (taux de variation positif mais qui diminue) alors que la **dépression** correspond à une baisse de la production (taux de variation négatif).

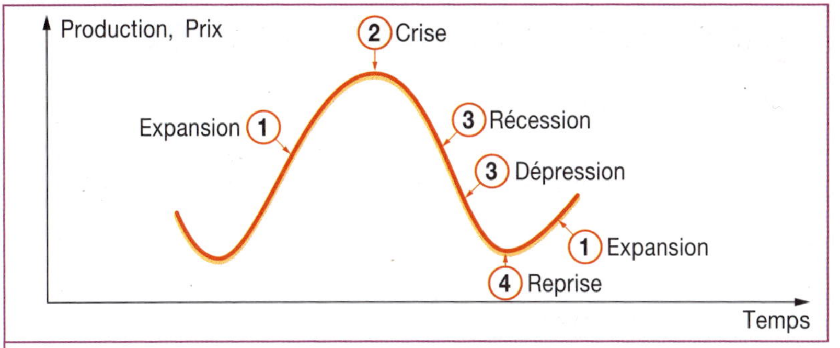

Doc. 1. **Les quatre phases des cycles économiques**

II Typologie des cycles selon leur durée

1. Les cycles courts

Les cycles courts, dits aussi **cycles de Kitchin** du nom du statisticien Joseph Kitchin, durent 3 à 4 ans (environ 40 mois). Ils sont dus aux **variations de stocks des entreprises**. En période de croissance, les entreprises augmentent leur production pour répondre à la demande mais elles constituent aussi des stocks. En période de récession, elles réduisent leur production et déstockent, ce qui accentue le ralentissement de l'activité.

2. Les cycles moyens

Les cycles moyens, également appelés cycles des affaires ou **cycles Juglar**, ont été mis en évidence par l'économiste français Clément Juglar. Ils ont une **durée de 8 à 10 ans** et comportent **quatre phases** : expansion, crise, récession et/ou dépression et reprise (Doc. 1).

3. Les cycles longs

- Les cycles longs ou **cycles Kondratiev**, d'une durée de 30 à 50 ans, présentent une phase ascendante pendant laquelle les prix, la production et l'emploi augmentent et une phase descendante pendant laquelle ils baissent.
- Pour Schumpeter, chaque cycle s'explique par l'introduction d'**innovations majeures** qui apparaissent par « grappes », entraînant dans un premier temps une phase d'expansion.

EN BREF

L'activité économique n'étant pas linéaire, il est possible de repérer des cycles économiques de durée et d'ampleur variables.

5 Comment expliquer les crises économiques ?

Bien que les crises qui ont touché les pays occidentaux depuis celle de 1929 présentent des caractéristiques communes, elles s'expliquent par des schémas différents.

I Les crises du XXe siècle

1. La crise de 1929

- C'est une **crise de surproduction :** les entreprises produisent en masse… mais la consommation de masse n'existe pas.
- Une bulle spéculative se développe, qui conduit au **krach boursier** du jeudi 24 octobre 1929.
- Ce choc boursier va provoquer une **spirale récessionniste** et **déflationniste** qui s'étend à l'ensemble des pays capitalistes.

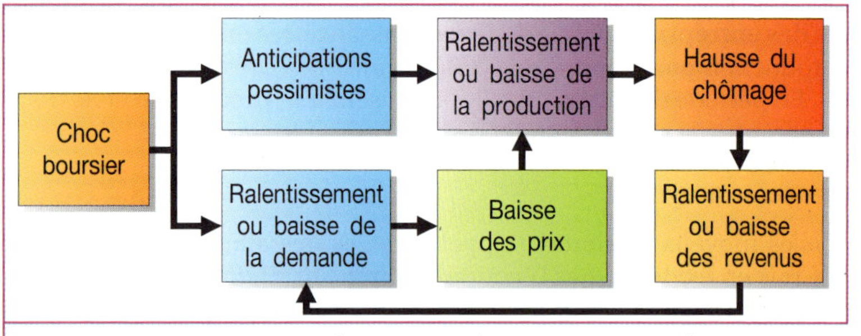

Doc. 2. **Du choc boursier… à la spirale récessionniste et déflationniste**

2. La crise des années 1970

- Cette crise fait suite aux Trente Glorieuses, période de croissance forte et régulière. Dès la fin des années 1960, certains **facteurs de croissance** s'essoufflent : ralentissement de la productivité (crise du fordisme), de la demande des ménages (saturation en biens d'équipement) et de l'investissement des entreprises.
- À l'automne 1973, le premier choc pétrolier sera un facteur déclenchant de la crise qui se manifeste par une récession économique, une très forte poussée inflationniste et le développement du chômage de masse.

Entre 1973 et 1974, le **prix du baril brut de pétrole** est multiplié par quatre.

II La crise de 2008

- Après l'explosion de la **« bulle Internet »** et les événements du 11 septembre 2001, les **États-Unis abaissent les taux d'intérêt** pour relancer l'activité économique via la consommation et l'investissement.
- À partir de 2004, les **taux d'intérêt augmentent**. De nombreux ménages, ne pouvant rembourser leurs crédits, doivent vendre leurs biens, ce qui fait chuter les prix de l'immobilier.
- Les banques, pour se décharger des risques liés aux *subprimes*, procèdent à leur **titrisation** (transformation des *subprimes* en titres financiers) mais l'absence d'acheteurs entraîne la **chute des cours** de ces titres sur les **marchés financiers**.
- En 2007, la crise s'étend au marché monétaire, entraînant une **crise de confiance** sur l'ensemble des marchés de capitaux. Cette crise va ensuite s'étendre à l'**économie réelle**.

> Les ***subprimes*** sont des crédits accordés aux ménages peu solvables présentant des risques de non-remboursement. Ils sont souvent à taux fixe pendant 2 ans, puis à taux variable par la suite.

III Les schémas explicatifs

1. Les chocs d'offre ou de demande

Ce sont des modifications importantes et inattendues des conditions de la production ou de la demande.

- Les chocs pétroliers des années 1970 ont ainsi constitué des **chocs d'offre** : hausse des coûts de production, baisse de la productivité et de la production.
- La crise de 2008 s'explique par un **choc de demande** : recul de la demande privée, qui avait été financée par une hausse de l'endettement, et des exportations (baisse de la demande dans les pays où le désendettement a lieu).

2. Le rôle des banques

Pour les tenants de la théorie du **« cycle du crédit »**, les récessions sont aggravées par le comportement des banques :
- en phase d'expansion, les banques accordent davantage de crédits aux ménages et aux entreprises ;
- en période de récession, les banques durcissent les conditions d'accès au crédit, ce qui amplifie le recul de la demande.

EN BREF

L'étude des crises du XXe siècle et de 2008 permet de mettre en évidence la variété des facteurs déclenchants : choc d'offre ou de demande et origine financière notamment.

6 Inflation, déflation : quel impact sur la croissance et l'emploi ?

La croissance économique peut être menacée aussi bien par l'inflation que par la déflation, c'est-à-dire une hausse ou une baisse générale des prix.

I La crise inflationniste des années 1970

1. Les causes de l'inflation

- Tandis que la grande majorité des crises du XIXe siècle à 1929 étaient des crises déflationnistes, la crise des années 1970 se caractérise en France par une inflation chronique, supérieure à 10 % par an, associée à un ralentissement de la croissance (**stagflation**).

L'**inflation** est la hausse continue et durable du niveau général des prix.

- L'inflation peut s'expliquer par une **hausse des coûts de production** (coût du travail ou prix des matières premières notamment), par une **création monétaire trop abondante** et par une **augmentation de la demande globale** sans que l'offre, à court terme, ne puisse s'y adapter.

2. Une trop forte inflation limite la croissance économique

L'inflation est un **phénomène auto-entretenu et généralisé** qui a des effets négatifs sur la croissance économique et l'emploi.

- L'inflation dégrade le **pouvoir d'achat des consommateurs**, ce qui risque de freiner la consommation.
- Si l'inflation est favorable aux emprunteurs, en revanche, elle décourage l'épargne, ce qui est préjudiciable à l'**investissement**.
- Une inflation trop élevée par rapport aux partenaires économiques dégrade la compétitivité-prix des entreprises nationales, ce qui risque de conduire à une baisse des **exportations** et à un déséquilibre des échanges extérieurs.
- La baisse de la consommation, de l'investissement et des exportations aura un **impact négatif** sur la demande globale, la croissance et l'emploi.

3. Les politiques de désinflation

Depuis le début des années 1980, les gouvernements des pays développés ont cherché à lutter contre l'inflation par des politiques de désinflation. Depuis les années 1990, l'inflation est maîtrisée.

La **désinflation** désigne le ralentissement de la hausse des prix.

- Les **politiques monétaires restrictives** (hausse des taux d'intérêt et ralentissement des crédits accordés) ont permis de ralentir la création monétaire.
- Les **politiques salariales restrictives** (réduction des effectifs et freinage, voire baisse, des salaires réels) ont cherché à freiner la demande et à limiter les coûts de production.
- Les gouvernements, par des **politiques budgétaires restrictives**, ont tenté de réduire les dépenses budgétaires (pour freiner la hausse de la demande) et le déficit budgétaire, qui est lui-même inflationniste (l'endettement de l'État pour le financer conduisant à de la création monétaire).

II Le cercle vicieux de la déflation

1. Les causes

La crise de 2008 a fait ressurgir les craintes d'une déflation.

On parle de **déflation** pour décrire le processus permanent et général de baisse des prix.

- Dans un environnement concurrentiel, **si la demande est faible**, les entreprises sont amenées à baisser leurs prix pour attirer les consommateurs, ce qui favorise la déflation. La mondialisation, qui accroît la concurrence, influence donc également la baisse des prix.
- Le **progrès technique**, en abaissant les coûts de production, peut également expliquer la déflation si les entreprises répercutent la baisse des coûts de production sur les consommateurs.

2. Des conséquences néfastes pour la croissance et l'emploi

L'économie peut alors tomber dans un **cercle vicieux** dans lequel la déflation, fréquemment observée en période de crise grave, accroît les difficultés économiques : ralentissement de la production et montée du chômage.

- Une baisse généralisée des prix peut tout d'abord amener les consommateurs, qui anticipent une nouvelle baisse, à **retarder leurs achats**, ce qui a un impact négatif sur la consommation et la demande. La baisse de la demande oblige alors les entreprises à baisser leurs prix (processus cumulatif) et à réduire leur production, ce qui entraîne une hausse du chômage.
- Enfin, la déflation augmente la **valeur des dettes**, ce qui peut pousser des entreprises à la faillite et renforce l'effet négatif sur la croissance.

EN BREF

Les mesures prises pour faire face à la crise de 2008 ont permis d'éviter la déflation qui guettait les économies occidentales.

Quiz express

Vérifiez que vous avez bien retenu les points clés des **fiches 4 à 6**.

La croissance, un phénomène irrégulier ?

1 L'expansion désigne :
- ☐ **a.** une augmentation de la production sur une longue période.
- ☐ **b.** une baisse de la production sur une courte période.
- ☐ **c.** une augmentation de la production sur une courte période.

2 En économie, la dépression correspond à :
- ☐ **a.** une baisse de la production.
- ☐ **b.** un ralentissement de la hausse de la production.
- ☐ **c.** une accélération de la croissance économique.

3 Quand peut-on parler de cycle économique ?
- ☐ **a.** Lorsque la production ralentit.
- ☐ **b.** Lorsque la production augmente à un rythme plus élevé.
- ☐ **c.** Lorsque les fluctuations de la croissance présentent une certaine régularité et périodicité.

4 L'économiste Joseph Aloïs Schumpeter propose :
- ☐ **a.** une explication des cycles longs par le rôle joué par les innovations.
- ☐ **b.** une explication des cycles courts par le rôle joué par les variations de stocks.
- ☐ **c.** une explication des cycles courts par le rôle joué par les innovations.

SUJET 5

Comment expliquer les crises économiques ?

5 La crise de 1929 est une crise de :
- ☐ **a.** surproduction.
- ☐ **b.** surconsommation.
- ☐ **c.** sous-production.

6 Quel est le phénomène qui décrit une baisse du niveau général des prix ?
- ☐ **a.** L'inflation.
- ☐ **b.** La déflation.
- ☐ **c.** La désinflation.

7 La crise des années 1970 se manifeste par :
- ☐ **a.** une augmentation très forte du chômage.
- ☐ **b.** une hausse du niveau général des prix.
- ☐ **c.** une récession économique.

8 Quelles sont les conséquences d'un durcissement de l'accès au crédit par les banques ?

- ☐ **a.** Le ralentissement de l'investissement et de la consommation.
- ☐ **b.** L'augmentation de l'investissement et de la consommation.
- ☐ **c.** L'augmentation de l'investissement et le ralentissement de la consommation.

9 La crise de 2008 s'explique par :

- ☐ **a.** un choc d'offre.
- ☐ **b.** un choc de demande.
- ☐ **c.** aucune proposition ne convient.

SUJETS 6 ET 7

Inflation, déflation : quel impact sur la croissance et l'emploi ?

10 L'inflation peut être due à :

- ☐ **a.** une quantité de monnaie en circulation insuffisante.
- ☐ **b.** une demande supérieure à l'offre.
- ☐ **c.** une baisse du prix des matières premières.

11 Pourquoi une trop forte inflation peut-elle être néfaste pour l'économie ?

- ☐ **a.** Car l'augmentation des prix détériore le pouvoir d'achat des ménages et ralentit la consommation.
- ☐ **b.** Car l'inflation encourage l'épargne, et donc l'investissement.
- ☐ **c.** Car la hausse des prix améliore la situation des entreprises nationales et conduit à une hausse des exportations.

12 Quels sont les facteurs qui peuvent conduire à une baisse des prix ?

- ☐ **a.** La baisse des coûts de production permise par le progrès technique.
- ☐ **b.** Une concurrence internationale accrue.
- ☐ **c.** Une demande élevée.

13 Vrai ou faux ? Cochez la bonne case.

	VRAI	FAUX
a. La déflation a un impact positif sur la consommation car la baisse des prix incite les ménages à augmenter leur consommation.	☐	☐
b. La déflation a un impact négatif sur la demande car les ménages réduisent leur consommation de biens durables.	☐	☐
c. Le ralentissement de la production observé en période de déflation peut entraîner une baisse du chômage.	☐	☐

RÉPONSES

1. c • **2.** a • **3.** c • **4.** a • **5.** a • **6.** b • **7.** a, b et c • **8.** a • **9.** b • **10.** b • **11.** Seule a est vraie. • **12.** a et b • **13.** Seule b est vraie.

SUJET 5 | Crise et cycle économique

MOBILISATION DES CONNAISSANCES

Caractérisez la crise économique dans un cycle.

DÉMARRONS ENSEMBLE

- Le plus souvent, on assimile la **crise** à la **phase de récession du cycle**. Dans la question, il est bien précisé de définir la crise dans la théorie du cycle, c'est-à-dire la **phase intermédiaire** entre l'expansion et la récession.
- Il s'agit de caractériser la crise selon les différents types de cycle, il faudra ainsi distinguer très rapidement les **causes** de chaque type de crise.

CORRIGÉ

CORRIGÉ RÉDIGÉ

POINT MÉTHODE

Répondre à une question de mobilisation des connaissances

- Vous devez d'abord identifier les termes principaux du sujet qui se réfèrent au programme et qui doivent être définis. Il faut être **précis** dans l'**utilisation** du **vocabulaire** pour montrer non seulement que vous avez des connaissances mais également que vous les maîtrisez.
- Ensuite, vous devez saisir le sens de la question posée. Pour y répondre, il faut donc commencer par l'**analyser** : en définir les termes et la formulation. Si ce travail n'est pas fait, le risque est de développer des arguments qui ne permettent pas de répondre à la question et donc d'être hors sujet. Par exemple, si le sujet comporte l'expression « caractérisez un phénomène », cela ne signifie pas la même chose qu'« analysez ce phénomène ». Dans le premier cas, il faut se limiter à décrire le phénomène économique ou social étudié tandis que, dans le second, il faut aussi rechercher ses causes et même ses conséquences. L'analyse du sujet permet d'**éviter les hors sujets** qui sont lourdement pénalisés.
- Enfin, il vous faut également **organiser la réponse** en distinguant différentes parties et en prenant, si possible, des exemples. La réponse doit se terminer par une conclusion.

Lors de l'épreuve, vous devrez répondre à deux questions de mobilisation des connaissances, portant chacune sur des champs différents du programme (science économique ; sociologie ; regards croisés).

[INTRODUCTION]

Au sens strict du terme, la crise constitue une phase d'un cycle, dont la durée est courte, quelques mois. Les cycles économiques sont constitués de phases caractérisant les fluctuations économiques. On peut ainsi situer la crise dans ces cycles dont la durée peuvent aller de 40 mois pour les cycles courts de Kitchin à 50 ans pour les cycles longs de Kondratiev.

[DÉVELOPPEMENT]

- La crise représente le retournement de la phase d'**expansion** et l'entrée dans la phase de **récession** (ou de dépression). Selon la durée du cycle, les causes de la crise sont différentes. Ainsi, dans un **cycle de Kitchin**, la crise survient lorsque les entreprises déstockent car elles anticipent une baisse de la demande.
- Dans un **cycle de Juglar**, qui a une durée de 7 à 11 ans, la crise survient quand les capacités de production entraînent une offre pléthorique que la demande ne peut plus absorber. L'effort d'investissement se trouve réduit, d'où l'entrée dans la phase de récession. Dans un **cycle de Kondratiev**, selon l'analyse de Schumpeter, l'épuisement des innovations à l'origine de la phase d'expansion provoque l'entrée dans une phase de récession qui se terminera avec le développement d'une nouvelle innovation majeure.

[CONCLUSION]

Il ne faut pas confondre crise et récession car ils représentent deux moments différents du cycle économique.

Il faut conclure en insistant sur l'aspect le plus important de la réponse, c'est-à-dire la **distinction** crise-récession.

SUJET 6 | L'inflation

ÉTUDE D'UN DOCUMENT

Après avoir présenté et analysé le document ci-après, montrez que l'inflation ne constitue pas un risque pour l'économie des États-Unis et celle de la zone euro.

DOCUMENT **Taux d'inflation aux États-Unis et dans la zone euro de 2005 à 2011**

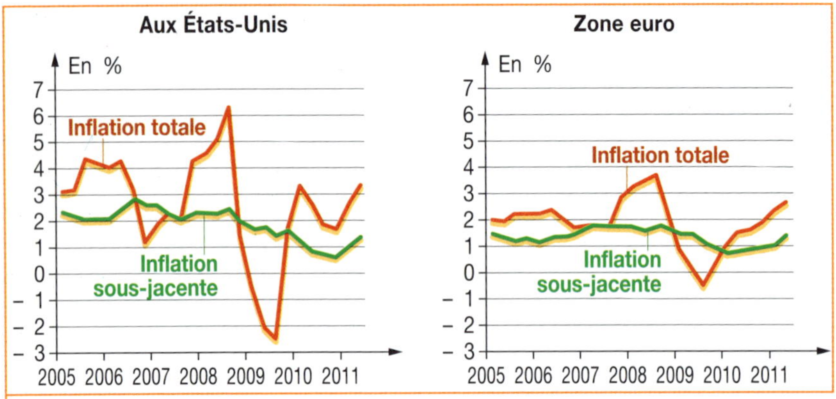

Note : l'indice d'inflation sous-jacente exclut les produits à prix volatils (pétroles, produits frais) pour mieux refléter les tensions inflationnistes dans l'économie.
Source : Datastream, données disponibles au 28 juillet 2011.

DÉMARRONS ENSEMBLE

Ce graphique permet de comparer l'évolution de l'inflation aux États-Unis et dans la zone euro. Il faut dans le même temps expliquer si l'**évolution de l'inflation** constitue un risque pour l'économie de ces deux zones.

CORRIGÉ

CORRIGÉ RÉDIGÉ

[INTRODUCTION]

L'**inflation** représente une hausse du niveau général des prix. Elle est mesurée par un **indice des prix** qui prend en compte un panier de biens et de services dont on observe l'évolution des prix.

[DÉVELOPPEMENT]

Utilisez les informations données dans la **note** du document à étudier.

■ Les graphiques distinguent l'**inflation totale** de l'**inflation sous-jacente**. La première inclut l'ensemble des prix du panier étudié alors que le second exclut, de l'indice des prix, ceux du pétrole et des produits frais (le plus souvent des produits alimentaires qui pèsent d'un poids de moins en moins important dans la consommation des ménages des pays développés). La demande de ces produits est une demande faiblement élastique par rapport aux prix. Ainsi, l'inflation sous-jacente apparaît moins sensible à la conjoncture et plus représentative des effets de l'inflation à moyen terme sur les économies.

- Les années 2005-2011, marquées par la crise financière à partir de 2007 pour les États-Unis et surtout 2008 pour la zone euro, sont caractérisées, pour les deux zones, par une inflation sous-jacente inférieure à 3 % aux États-Unis et 2 % dans la zone euro. Si les évolutions apparaissent à peu près identiques, notamment avec une baisse de l'**inflation sous-jacente** marquant ainsi la désinflation en 2009-2010, l'inflation totale aux États-Unis reste plus sensible à la hausse des prix du pétrole car elle est supérieure à 6 % en 2009 alors qu'elle n'est que de 4 % dans la zone euro, soit un écart d'un peu plus de deux points. Or, l'année 2009 a été marquée par une forte augmentation du prix du pétrole.

Cette précision est nécessaire pour distinguer la notion de **désinflation**, qui correspond à une baisse de l'inflation, de la **déflation**, qui est une baisse des prix.

- Si on s'en tient à l'inflation sous-jacente, on peut estimer que l'inflation reste contenue aussi bien aux États-Unis que dans la zone euro. Cependant, pour les pays développés, l'inflation totale reste soumise à des **effets conjoncturels**. Ainsi, une reprise de la demande, notamment celle des pays émergents en 2010, a des effets quasi immédiats sur l'inflation, rognant le **pouvoir d'achat** des salaires dans un contexte de faible augmentation de ces salaires et limitant ainsi une éventuelle reprise de la demande capable d'accélérer la croissance dans ces pays.

[CONCLUSION]

Même si l'inflation est plus élevée aux États-Unis que dans la zone euro, le risque inflationniste semble contenu dans le contexte de faible croissance que connaissent ces pays.

SUJET 7 | Crise et récession | RAISONNEMENT |

À l'aide du dossier documentaire et de vos connaissances, vous expliquerez comment la crise provoque une récession.

DOCUMENT 1

Sur un marché ordinaire, quand les prix augmentent, le consommateur suit dans un premier temps. Les prix continueront alors de croître. Mais, au bout d'un moment, ce même consommateur va réagir en réduisant ses achats, ce qui va entraîner un tassement des prix. La demande dépend de facteurs qui sont exogènes à l'offre : le désir, le besoin, l'utilité mais aussi la saturation de biens qui viennent limiter la consommation. [...]

Les actifs financiers sont des éléments de valorisation de la richesse. Aussi, quand les prix montent, la demande augmente ! [...] Dans la logique capitalistique proprement dite, le prix des actifs est fonction de l'anticipation de leur augmentation, si bien qu'ils attirent toujours plus d'acquéreurs.

Michel Aglietta, *La Crise. Pourquoi en est-on arrivé là ? Comment en sortir ?*,

DOCUMENT 2

Si spectaculaire soit-elle, la débâcle boursière, dont les gouvernements et les grandes banques centrales peinent à venir à bout, n'est que la partie émergée d'une crise en train de se propager à l'économie réelle. Une spirale baissière et récessive s'est enclenchée. Les marchés anticipent une chute des profits des entreprises, qui font face à des perspectives d'activité dégradées. Ils vendent leurs titres. Les entreprises ne peuvent plus se financer sur les marchés actions, et elles commencent à être confrontées au resserrement du crédit. Partout, les perspectives d'embauche se détériorent, le chômage s'accroît, les revenus diminuent. [...] Quand les établissements financiers, les grandes entreprises ou les PME voient leurs actifs se déprécier de 25 % en un mois [...], ils font face à des pertes potentielles considérables [...]. Ils doivent donc réduire la voilure, ce qui amplifie la dégradation des perspectives d'activité, et vendre, ce qui accroît la panique des marchés. Les prix baissant, un nombre croissant d'acteurs est acculé à la vente, et la spirale négative s'auto-entretient. Les entreprises dépensent moins. Redoutant une chute de leurs profits, elles diffèrent ou renoncent à leurs projets d'investissement, réduisent leurs coûts et revoient à la baisse leurs perspectives d'embauche, quand elles ne licencient pas et mettent la clé sous la porte. En France, par exemple, dans le secteur de la construction, les faillites ont augmenté de 35 % au cours des sept premiers mois de 2008 par rapport à la même période de 2007. [...] Trouver des sources de financement est en effet plus difficile et coûte plus cher. Face à l'augmentation probable des taux de défaut, les banques doivent accroître leurs fonds propres et, par voie de conséquence, elles prêtent moins. [...]

Claire Guélaud, *Le Monde*, 11 octobre 2008.

DOCUMENT 3 Évolution du taux de chômage dans quelques pays développés

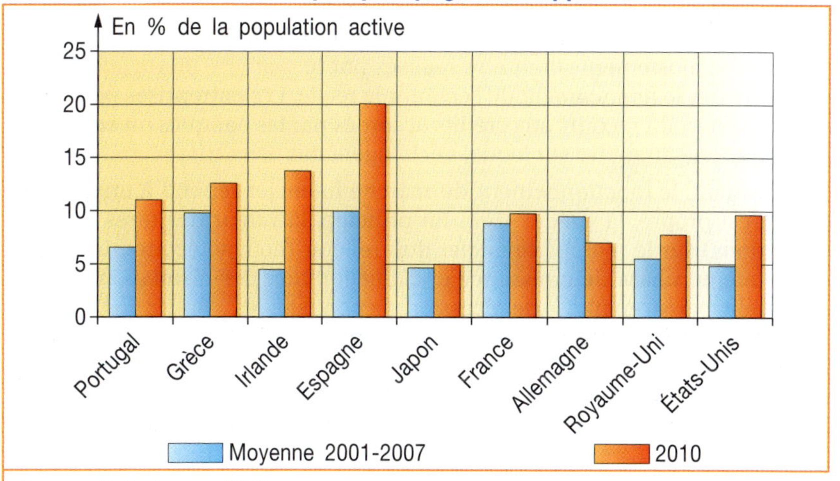

Source : Datastream, 2011.

DÉMARRONS ENSEMBLE

- Le sujet met en relation la **crise financière** qu'a connue l'économie mondiale depuis 2007-2008 et le **cycle économique** qui concerne ce qu'on appelle l'économie réelle, c'est-à-dire la production, l'emploi, l'investissement...
- Il faut donc insister sur la relation qui existe entre la **sphère financière** et la **sphère réelle de l'économie**. L'utilisation des documents est indispensable pour traiter le sujet.

CORRIGÉ

CORRIGÉ RÉDIGÉ

[INTRODUCTION]

Depuis les années 2007-2008, les économies nationales, principalement des pays développés, sont rentrées dans une phase de **récession** du cycle économique. L'entrée dans cette phase est liée à la crise financière commencée en 2007 aux États-Unis. Comment la crise financière s'est-elle propagée à l'économie réelle ? La réponse à cette question nécessite de comprendre les liens entre le **système financier** et la **sphère productive**, ainsi que les mécanismes de diffusion de la crise financière à l'économie réelle.

I Liens entre système financier et sphère productive

- Le financement de l'activité économique est assuré par l'**épargne** des agents. Parmi ceux-ci, certains disposent d'une épargne ou **capacité de financement** qu'ils peuvent utiliser pour satisfaire le **besoin de financement** d'autres agents. Ces ajustements vont être réalisés par le **système financier** qui permet d'assurer le financement de l'économie réelle. Les entreprises peuvent se financer en ayant recours aux crédits accordés par les banques ou en passant par le **marché financier** sur lequel s'échangent des **titres financiers**.

- Cependant, le fonctionnement du marché financier répond à une logique qui lui est propre, la **spéculation**. En principe, la valeur des titres (actions, obligations) sur le marché financier doit refléter l'activité économique : elle augmente en phase de croissance et d'amélioration des résultats des entreprises, elle baisse en phase de récession. Cependant, les **acteurs des marchés financiers** anticipent l'évolution des cours financiers : lorsqu'ils augmentent, la demande continue à augmenter car on anticipe une nouvelle augmentation, ce qui constitue le principe même de la spéculation (document 1).

- À un moment donné, la hausse des cours devient déconnectée des résultats des entreprises dans l'économie réelle, entraînant la formation d'une bulle financière. Ce mouvement de hausse s'arrête brutalement, à l'annonce de mauvais résultats économiques, et les agents vont anticiper la baisse des cours provoquant un **krach financier**.

II Diffusion de la crise financière à l'économie réelle

- L'effondrement des cours boursiers touche les entreprises à deux niveaux. Elles ne peuvent plus se financer en émettant des titres sur le marché car la valeur de ces titres a brutalement baissé. Elles ont également un problème de **solvabilité** car elles détiennent des titres dont la valeur a fortement baissé. De plus, les banques n'accordent plus de crédits aux entreprises, qui sont obligées de réduire leur activité et de détruire des emplois (document 2).

- L'entrée dans une phase de récession s'accompagne d'une **montée du chômage**. Ainsi, en 2010, le taux de chômage est devenu supérieur à la moyenne des années 2001-2007, il a même doublé pour certains pays : le Portugal, l'Espagne (un actif sur 5 est au chômage), les États-Unis. Seule l'Allemagne semble échapper à cette évolution car les entreprises ont eu recours au chômage partiel (document 3).

> Pensez à utiliser une donnée du doc. 3. La plus importante étant le **taux de chômage de l'Espagne**.

[CONCLUSION]

La crise financière, en ne permettant plus aux entreprises de se financer, s'est diffusée à l'économie réelle, provoquant la récession et la montée du chômage.

Quels sont les fondements du commerce international et de l'internationalisation de la production ?

FICHES

BILAN

SUJETS CORRIGÉS

7 Quels sont les déterminants de la croissance des échanges internationaux ?

Depuis 1945, le commerce mondial est en plein essor : il convient de caractériser son évolution et de montrer quels en sont les facteurs explicatifs.

I L'évolution du commerce mondial

■ En 60 ans, le commerce mondial de marchandises a été **multiplié par plus de 200**.

	Exportations mondiales de marchandises								
	1948	1953	1963	1973	1983	1993	2003	2005	2010
Valeur (milliards $)	58	84	157	579	1 838	3 671	7 294	10 121	12 147
Indice	100	145	270	998	3 168	6 329	12 575	17 450	20 943

Source : OMC 2010.

■ Si le commerce mondial a été multiplié par 8 entre 1980 et 2011, c'est une **croissance inégale** selon les zones. La part des pays émergents et en développement s'est fortement accrue, tandis que celle des pays avancés a régressé en valeur relative.

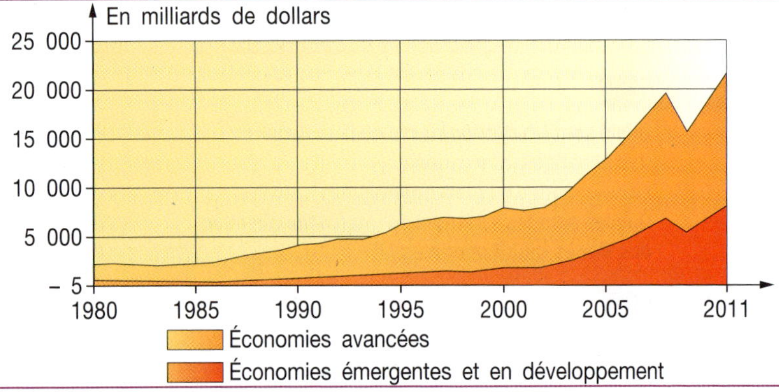

Doc. 1. Exportations de biens et services
Source : FMI, 2011.

II De l'internationalisation à la mondialisation

- L'internationalisation désigne le processus d'**ouverture croissante** des pays vers le commerce international. Par exemple, la France exportait 10 % de son PIB en 1970, contre 25 % en 2010.
- La mondialisation désigne la **globalisation** de l'économie à l'échelle de la planète, qui se caractérise par une **ouverture** et une **libéralisation** croissantes des économies et une **accélération des échanges** (biens, services, capitaux...).
- La diffusion internationale du **progrès technique**, l'abaissement des barrières douanières, l'homogénéisation de la **demande**, la **dérèglementation** de monopoles publics exposés à la concurrence et la création d'**espaces régionaux** (UE, ALENA, MERCOSUR...) ont favorisé la croissance des échanges.

III Les déterminants des échanges internationaux

1. Les déterminants classiques

- Pour les économistes classiques, le commerce international repose sur l'existence d'écarts de prix relatifs entre pays. Les échanges internationaux se fondent sur la **spécialisation**.
- L'écart de **productivité du travail** est à l'origine des écarts de prix.

– Selon la **loi des avantages absolus** (Adam Smith), les pays se spécialisent dans les productions pour lesquelles leur productivité est supérieure à celle des autres partenaires de l'échange.

– Selon la **loi des avantages comparatifs** (David Ricardo), un pays a intérêt à se spécialiser dans la (ou les) production(s) pour laquelle (ou lesquelles) il a le meilleur avantage comparatif ou le moins mauvais désavantage comparatif.

- Pour l'analyse HOS (Heckscher, Bertil, Öhlin), les différences entre pays sont liées aux différences internationales de **dotations en facteurs de production**.

2. Les nouveaux déterminants

- 60 % du commerce entre pays développés est un **commerce intra-branches**, ce qui contredit l'idée de spécialisation.
- L'économiste P. Krugman a montré que le commerce international engendrait un **effet de dimension** (économies d'échelle), un **effet de diversification** et un **effet de concurrence**.

> Les **économies d'échelle** sont la réduction du coût unitaire de production du fait de l'augmentation de la production.

EN BREF

Depuis 1945, on a assisté à une internationalisation et à une mondialisation des échanges. Ce processus n'est pas, aujourd'hui, uniquement fondé sur la spécialisation.

8 Libre-échange ou protectionnisme ?

Le libre-échange s'est imposé et permet de favoriser le commerce international, mais certaines nations cherchent à s'en préserver, notamment en période de crise.

I Le libre-échange dans l'histoire

Le libre-échange, système de commerce international reposant sur l'absence d'entraves à la circulation des biens et des services, a évolué au fil du développement du commerce mondial.

- Au XIXe siècle, l'accroissement des échanges internationaux est impulsé par la **Grande-Bretagne** et s'appuie sur les théories de la spécialisation de Smith et Ricardo → **Fiche 7**, qui y voient un moyen d'améliorer la richesse des nations et de préserver la paix.
- Après 1945, on assiste à une véritable explosion des échanges internationaux. Les États-Unis prennent l'initiative d'édifier un **nouvel ordre international** basé sur le libre-échange en créant le Fonds monétaire international (FMI), la Banque internationale de reconstruction et de développement (BIRD) et l'Accord général sur les tarifs douaniers et le commerce (GATT).
- L'**Organisation mondiale du commerce (OMC)**, qui succède au GATT en 1994, s'attache au démantèlement douanier à l'occasion d'une série de cycles de négociation appelés « *rounds* ». Elle jette ensuite les bases d'un multilatéralisme commercial.

On parle de **multilatéralisme commercial** quand les échanges se font entre tous les pays, sans discriminations.

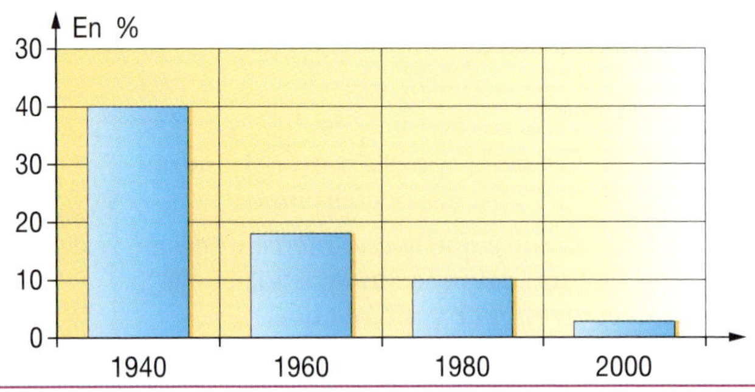

Doc. 2. Niveau moyen de droits de douane sur la valeur des produits industriels dans les pays membres de l'OMC
Source : OMC.

II Avantages et limites du libre-échange

- La concurrence internationale permet à chaque pays d'améliorer sa **compétitivité** grâce à la spécialisation. Les exportations favorisent la **croissance**, l'**investissement** et les **économies d'échelle**.
- Cependant, l'échange est souvent **inégal**, les pays ayant une faible compétitivité pouvant difficilement résister à la concurrence des pays développés et construire de façon autonome leur appareil productif. Les **firmes multinationales** imposent leurs règles aux pays faibles et provoquent la disparition d'industries locales ; les pays qui ne peuvent se passer d'importations **perdent leur indépendance**.

III Le protectionnisme et ses dangers

- Le protectionnisme désigne une politique économique interventionniste consistant à **protéger ses producteurs contre la concurrence des producteurs d'autres États** (taxes douanières, quotas d'importations par exemple).
- Il existe des cas de **protectionnisme limité** (quotas d'importations des voitures japonaises en Europe jusqu'en 1996). Un protectionnisme plus sournois se développe : nationalisme économique, normes de qualité...
- Le protectionnisme peut être nécessaire en fournissant une **protection provisoire** aux activités naissantes. Les pays spécialisés dans les ressources naturelles et qui se sont orientés vers la production de biens industriels (Corée du Sud par exemple) ont eu besoin de se protéger temporairement de produits industriels étrangers.
- Le protectionnisme peut s'avérer contre-productif en protégeant des industries peu encouragées à évoluer. De plus, ces pays protectionnistes s'exposent à des mesures de rétorsion de la part de leurs partenaires commerciaux. Par exemple, les États-Unis ont pénalisé l'entrée sur leur territoire de produits agricoles européens suite au refus de l'Europe d'utiliser des OGM. Enfin, les consommateurs sont pénalisés par des prix élevés.

Les **mesures de rétorsion** consistent à « punir » un pays trop protectionniste en limitant ses propres exportations sur les autres marchés.

EN BREF

Depuis 1945, l'internationalisation a ouvert la voie au libre-échange, mais le protectionnisme n'a pas disparu pour autant, même s'il reste limité à certains États ou secteurs.

9 Quelles sont les stratégies d'internationalisation des firmes multinationales ?

La montée en puissance des firmes multinationales a bouleversé le commerce mondial et favorisé les flux financiers.

I L'essor des firmes multinationales

- Les firmes multinationales (FMN) sont des firmes disposant de filiales dans plusieurs pays. Leur stratégie et leur organisation sont conçues à l'**échelle mondiale**.

- En 2008, on comptait 82 000 FMN (contre 37 000 en 1990) et 790 000 filiales étrangères. En 2009, les FMN représentaient 11 % du PIB mondial et 80 millions de salariés.

Une **filiale** est une entreprise dont la maison mère (FMN) possède au moins 50 % du capital. Dacia est une filiale de Renault.

- Les FMN mettent en œuvre diverses **stratégies** :
  - les **FMN primaires**, dont l'objectif est le contrôle des matières premières, investissent dans les pays possesseurs de matières premières et de produits bruts (exemple : United fruits, en Amérique centrale et latine) ;
  - les **FMN classiques**, dont l'objectif est de trouver de nouveaux débouchés, implantent des filiales dans les pays qui offrent un important marché de consommation (exemple : Ford en Europe après 1945) ;
  - les **FMN globales**, dont l'objectif est de diminuer les coûts de production, adoptent une division internationale des processus productifs ou DIPP (exemple : l'iPod d'Apple est fabriqué dans 7 pays).

II Les FMN ont favorisé la mondialisation

1. L'essor du commerce intra-firme

- L'**échange intra-firme** (1/3 du commerce international) désigne le commerce de filiale à filiale d'une même FMN. C'est un commerce interne au groupe qui favorise une **économie mondiale sans frontières**.

2. De la division internationale du travail à l'externalisation

- Traditionnellement, l'échange international est fondé sur la spécialisation entre chaque pays. C'est la **division internationale du travail** (DIT) qui a permis le développement des **FMN primaires**.

- Les **FMN globales** se développent sur la base de la division internationale des processus productifs (DIPP). Elles produisent au moindre coût en choisissant leurs sous-traitants dans le monde entier (stratégie d'externalisation).

3. Les investissements directs à l'étranger

- L'essor des FMN favorise les **investissements directs à l'étranger** (IDE) qui visent à obtenir un pouvoir de décision effectif dans la gestion d'une entreprise à l'étranger (prise de participation supérieure à 10 % de son capital).
- Le développement des IDE entraîne une circulation très importante de capitaux à travers le monde qui alimente la **spéculation**.

III La compétitivité : un enjeu majeur

1. À l'échelle de l'entreprise et du territoire

- On appelle compétitivité la **capacité à affronter la concurrence**. Il s'agit pour les **entreprises** d'être concurrentielles :
  - en matière de prix (compétitivité-prix), en abaissant au maximum les coûts de production ;
  - en matière de qualité (compétitivité structurelle ou hors prix).
- Les **territoires** (nations) cherchent eux aussi à être compétitifs pour attirer les IDE, favorables à la croissance. Chaque pays recherche une bonne compétitivité-prix (bas salaires) ou hors prix (produits *high-tech*). La compétitivité territoriale oriente les entreprises dans leur choix de **délocalisation** vers les pays possédant les meilleurs atouts.

2. Les effets des variations des cours de change

- Les variations des cours de change peuvent agir sur la compétitivité d'un pays. Une **politique de change** consiste, de la part des pouvoirs publics, à acheter/vendre des devises ou à agir sur les taux d'intérêt pour faire varier le taux de change.
- Une **dépréciation** correspond à une baisse du taux de change permettant, en théorie, d'améliorer le solde commercial.
- Une **appréciation** correspond à une hausse du taux de change permettant, en théorie, une hausse du pouvoir d'achat. Cependant, elle risque de conduire à une détérioration des échanges extérieurs.

EN BREF

Par leurs stratégies, les FMN ont favorisé la mondialisation et contribué à l'accroissement des investissements financiers. La compétitivité devient donc un enjeu essentiel, aussi bien pour les entreprises que pour les nations.

Quiz express

Vérifiez que vous avez bien retenu les points clés des **fiches 7 à 9.**

Quels sont les déterminants de la croissance des échanges internationaux ?

1 Vrai ou faux ? Cochez la bonne case.

	VRAI	FAUX
a. Les exportations mondiales de marchandises ont été multipliées par 20 entre 1948 et 2010.	☐	☐
b. Le commerce mondial porte sur les biens et les services.	☐	☐
c. Pour Smith et Ricardo, les écarts de prix relatifs reposent sur les écarts de productivité du travail.	☐	☐
d. L'analyse HOS ne repose pas sur la spécialisation.	☐	☐

2 Reliez le nom des économistes aux termes économiques.

a. Spécialisation •
b. Facteurs de production •
c. Avantages absolus •
d. Diversification de la consommation •
e. Économies d'échelle •

• **1.** Smith
• **2.** Ricardo
• **3.** Heckscher, Ohlin, Samuelson
• **4.** Krugman

3 Cochez les affirmations exactes.

☐ **a.** Le GATT et l'OMC favorisent l'internationalisation.
☐ **b.** Les espaces régionaux freinent la mondialisation.
☐ **c.** Le commerce intra-branches contredit la spécialisation.

SUJET 9

Libre-échange ou protectionnisme ?

4 Vrai ou faux ? Cochez la bonne case.

	VRAI	FAUX
a. Le libre-échange est un phénomène récent.	☐	☐
b. Les théories de Smith et Ricardo sont favorables au libre-échange.	☐	☐
c. Après 1945, il y a un consensus des nations sur le refus du protectionnisme.	☐	☐
d. OMC et GATT sont opposés.	☐	☐

5 Le protectionnisme…

- ☐ **a.** est toujours défensif.
- ☐ **b.** a disparu depuis 1945.
- ☐ **c.** peut avoir des effets positifs sur la croissance.
- ☐ **d.** expose un pays à des mesures de rétorsion.

6 Cochez les termes liés au libre-échange.

- ☐ **a.** Spécialisation
- ☐ **b.** GATT
- ☐ **c.** Industries naissantes
- ☐ **d.** Contre-productif
- ☐ **e.** Abaissement des droits de douane

Quelles sont les stratégies d'internationalisation des firmes multinationales ?

7 Cochez les affirmations exactes.

- ☐ **a.** Les FMN primaires implantent des filiales à l'étranger.
- ☐ **b.** La DIPP permet de décomposer la production d'un bien entre plusieurs pays.
- ☐ **c.** Le commerce intra-firme représente le quart du commerce mondial.
- ☐ **d.** L'externalisation répond à la même logique que la DIPP.

8 Pourquoi les FMN favorisent-elles la mondialisation ?

- ☐ **a.** À cause du commerce intra-firme.
- ☐ **b.** Parce qu'elles obligent les États à être protectionnistes.
- ☐ **c.** Parce que leur existence repose sur l'ouverture des frontières.

9 Cochez les affirmations exactes.

- ☐ **a.** Les FMN favorisent les IDE car leurs investissements sont essentiellement financiers.
- ☐ **b.** La croissance des IDE est lente depuis 2002.
- ☐ **c.** IDE et compétitivité sont liés.

10 Vrai ou faux ? Cochez la bonne case.

	VRAI	FAUX
a. Depuis 1945, le commerce international s'est accru lentement.	☐	☐
b. Depuis 1945, le commerce international est en partie internalisé au sein des FMN.	☐	☐
c. Depuis 1945, le commerce international a vu la part des pays émergents augmenter.	☐	☐

SUJETS 8 ET 9

RÉPONSES

1. b et c sont vraies. • **2.** a/1 et 2, b/3, c/1, d/4, e/4 • **3.** a et c • **4.** a et d sont faux. • **5.** c et d • **6.** a, b et e • **7.** b et d • **8.** a et c • **9.** a et c • **10.** b et c sont vraies.

SUJET 8 | La compétitivité de l'économie française

ÉTUDE D'UN DOCUMENT

Comment évolue la compétitivité de l'économie française ?
Après avoir présenté et analysé le document ci-dessous, répondez à la question.

DOCUMENT Évolution des parts de marché mondiales en valeur des principaux exportateurs

	Part en % des exportations de marchandises par rapport aux exportations mondiales								
	1980	1990	1995	2000	2001	2002	2003	2004	2010
France	5,7	6,3	5,8	5,1	5,2	5,1	5,2	4,9	3,4
Allemagne	9,5	12,2	10,1	8,6	9,2	9,5	9,9	9,9	8,3
Italie	3,8	4,9	4,5	3,7	4,0	3,9	4,0	3,8	2,9
Royaume-Uni	5,4	5,4	4,6	4,4	4,4	4,3	4,0	3,8	2,7
Japon	6,4	8,3	8,6	7,4	6,5	6,4	6,2	6,2	5,1
États-Unis	11,1	11,4	11,3	12,1	11,8	10,7	9,6	8,9	8,4
Chine	0,9	1,8	2,9	3,9	4,3	5,0	5,8	6,5	10,4

Source : OMC.

DÉMARRONS ENSEMBLE

- Dans un premier temps, vous devez définir la notion de **compétitivité** (notion clé du programme) avant de la mettre en relation avec le document qui porte sur les **parts de marché**.
- Si la question ne porte que sur la France, ce document doit vous inciter à comparer la situation de l'économie française à celle des autres pays sur cette période précise. N'oubliez pas que ces années (1980-2005) sont caractérisées par le développement de la **concurrence internationale** dans un contexte de mondialisation des économies.

CORRIGÉ

CORRIGÉ RÉDIGÉ

[INTRODUCTION]

Ce document statistique, dont la source est l'Organisation mondiale du commerce (OMC), nous permet d'étudier l'évolution des **parts de marché mondiales** mesurées par la part en pourcentage des exportations de marchandises d'un pays par rapport aux exportations mondiales. Il est précisé que ces parts sont évaluées en **valeur**, ce qui signifie que l'on prend en compte les quantités exportées ainsi que les prix de ces exportations.

Attention ! L'évolution des parts de marché va dépendre des quantités exportées mais aussi des prix de ces biens exportés.

[DÉVELOPPEMENT]

- Les parts de marché sont, pour un pays, un indicateur de compétitivité de l'économie nationale qui peut permettre de mesurer la capacité de cette économie à faire face à la concurrence étrangère sur les marchés extérieurs. On distingue la **compétitivité-prix**, qui dépend du prix des biens exportés par rapport à ceux des autres économies, de la **compétitivité structurelle** ou hors prix, qui dépend de la qualité du produit offert ou des services attachés au produit.
- La période étudiée est caractérisée par la poussée de la **mondialisation**, entraînant une concurrence de plus en plus intense entre les économies nationales, et le passage à l'euro pour certains pays de l'Union européenne.
- Le tableau nous permet de constater une baisse de 2,3 points de pourcentage de la part de marché mondiale de la France entre 1980 et 2010.
- Cependant, cette baisse n'est pas régulière car après une augmentation de la part de marché de 0,6 point au cours des années 1980, la part des exportations françaises dans les exportations mondiales connaît une baisse continue depuis le début des années 1990 (plus de 2 points de pourcentage entre 1990 et 2010), surtout depuis 2003. D'une manière générale, **cette baisse des parts de marché mondiales n'est pas propre à la France** puisque tous les pays anciennement industrialisés connaissent une situation identique depuis le début des années 2000. À l'inverse, on constate le poids grandissant de la Chine qui est devenue, en parts de marché, le 1er exportateur mondial de marchandises.

Le constat doit partir de l'**idée la plus générale du document**, ici la comparaison entre les deux dates extrêmes du tableau des parts de marché de la France.

[CONCLUSION]

Ainsi, si on peut penser que l'évolution de l'économie française dans le commerce mondial est le résultat d'une dégradation de sa compétitivité, il faut nuancer le propos car le phénomène n'est pas propre à la France. On peut interpréter cette évolution comme la conséquence du poids grandissant des **pays émergents** dans les échanges internationaux.

SUJET 9 | La compétitivité des firmes multinationales

| DISSERTATION |

Par quelles stratégies les firmes multinationales cherchent-elles à accroître leur compétitivité ?

DOCUMENT 1 Flux entrants et sortants d'investissements directs à l'étranger[1] (en millions de dollars courants et en %)

	FLUX ENTRANTS				FLUX SORTANTS			
	2000		2011		2000		2011	
	En millions de dollars	Part en %	En millions de dollars	Part en %	En millions de dollars	Part en %	En millions de dollars	Part en %
Chine	40 714,8	2,9	123 985,0	8,1	915,8	0,1	65 117,0	3,8
France	43 252,3	3,1	40 945,0	2,7	177 448,9	14,5	90 146,0	5,3
Allemagne	198 276,5	14,2	40 402,1	2,7	56 557,0	4,6	54 368,4	3,2
États-Unis	313 997,2	22,4	226 937,0	14,9	142,626,0	11,6	396 656,0	23,4
Monde	**1 400 540,6**	**100,0**	**1 524 422,2**	**100,0**	**1 226 632,8**	**100,0**	**1 694 396,1**	**100,0**
dont								
Économies en développement	*255 506,0*	*18,2*	*684 399,3*	*44,9*	*135 116,4*	*11,0*	*383 753,7*	*22,6*
Économie développées	*1 137 996,2*	*81,3*	*747 860,0*	*49,1*	*1 088 321,3*	*88,7*	*1 237 507,6*	*73,0*
Pays les moins avancés	*4 133,3*	*0,3*	*15 010,9*	*1,0*	*792,3*	*0,1*	*3 270,0*	*0,2*

Source : *Conférence des Nations unies sur le Commerce et le Développement (CNUCED), 2012.*

(1) Investissements directs à l'étranger (IDE) : création d'une unité de production à l'étranger ou acquisition d'au moins 10 % du capital d'une entreprise.

DOCUMENT 2 Évolution du coût salarial unitaire[1] dans différents pays et dans la zone euro (en indice)

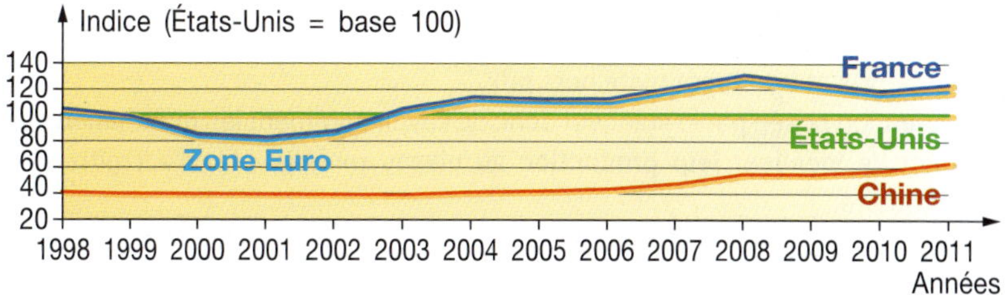

Source : *Conseil d'Analyse Économique*, 2011. (1) Coût salarial par unité produite.

DOCUMENT 3 Importance des facteurs déterminant la compétitivité sur les marchés étrangers (proportion d'entreprises considérant le facteur comme « très important »)

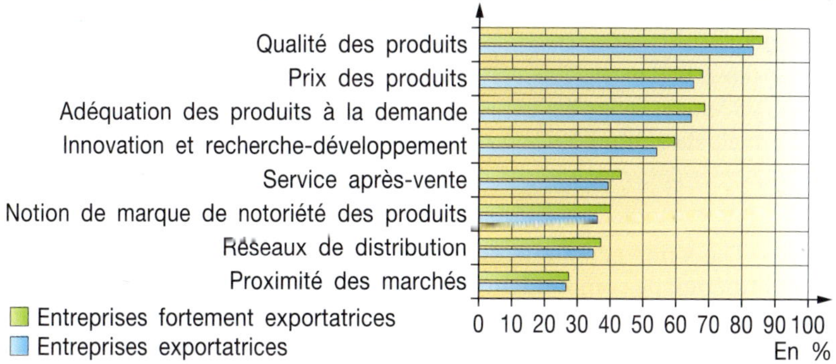

Source : *Insee*, 2008. **Champ** : enquête d'opinion réalisée en France auprès de chefs d'entreprises industrielles exportatrices de 20 salariés ou plus. **Note de lecture** : sur 100 chefs d'entreprises industrielles fortement exportatrices interrogés, 85 jugent que la qualité des produits est un facteur déterminant la compétitivité sur les marchés étrangers. **Note** : une entreprise exportatrice est une entreprise qui réalise au moins 5 % de son chiffre d'affaires à l'exportation. Une entreprise fortement exportatrice est une entreprise qui réalise au moins 35 % de son chiffre d'affaires à l'exportation.

DÉMARRONS ENSEMBLE

- Il faut mettre en évidence les actions mises en œuvre pour améliorer **la compétitivité des firmes multinationales**, c'est-à-dire leur capacité à résister à la concurrence. Ainsi, pour une multinationale, l'objectif est de constituer un avantage concurrentiel sur un marché mondialisé, ce qui suppose d'améliorer la compétitivité-prix et la compétitivité hors prix.
- La question posée par le sujet est donc de savoir comment les multinationales décident de **localiser leur production** au niveau mondial afin d'accroître leur compétitivité.

CORRIGÉ

CORRIGÉ RÉDIGÉ

POINT MÉTHODE

Utiliser les documents pour la dissertation

- L'exercice de la dissertation consiste à répondre à un sujet en utilisant les 3 ou 4 documents qui vous sont proposés. Il est nécessaire d'élaborer une **problématique** et d'y répondre en utilisant vos connaissances personnelles et les documents.
- Vous devez organiser votre plan pour répondre à la problématique. Vous utiliserez les documents pour illustrer les idées développées.
- La **principale erreur** à éviter pour l'épreuve de dissertation est de se contenter d'analyser les documents et d'en faire un commentaire systématique.

- [AMORCE] Dans une économie de marché devenue mondiale, les entreprises ont un impératif de compétitivité pour faire face à une concurrence de plus en plus vive. Ainsi, le nombre de firmes multinationales (FMN) a fortement augmenté. On peut donc se demander quelles sont les stratégies des FMN pour accroître leur compétitivité.

[DÉFINITION DES TERMES DU SUJET] Les firmes multinationales sont des entreprises ayant des activités en dehors de leur pays d'origine. Ces firmes détiennent des filiales dans plusieurs pays. La compétitivité va mesurer la capacité des entreprises ou d'une économie nationale à résister à la concurrence.

Vous devez **définir les termes principaux du sujet** (ici, les firmes multinationales) afin d'indiquer sur quoi porte votre analyse.

[PROBLÉMATIQUE ET ANNONCE DU PLAN] Si les stratégies des FMN représentent l'ensemble des actions mises en œuvre pour accroître leur compétitivité, il faut donc savoir comment les multinationales décident de localiser leur production au niveau mondial afin d'accroître leur compétitivité. On peut distinguer deux stratégies de localisation des FMN : celle qui améliore la compétitivité-prix et celle qui favorise la compétitivité hors prix.

I La stratégie de localisation afin d'accroître la compétitivité-prix

Comme toutes les entreprises dans une économie de marché, les FMN cherchent à réduire leurs coûts de production en procédant à des délocalisations vers les pays à bas coûts.

1. Une stratégie de réduction des coûts

Le coût de production représente l'ensemble des dépenses réalisées par les entreprises pour produire un bien ou service. Le coût principal est le coût salarial unitaire, c'est-à-dire le coût salarial par unité produite, qui dépend à la fois des salaires versés et de la productivité du travail. Cependant, à ce coût salarial, il faut ajouter les coûts de transfert, les coûts de transport et les coûts des matières premières.

La réduction des coûts de production permet à l'entreprise à la fois d'augmenter ses profits et de baisser son prix de vente, améliorant sa compétitivité-prix, ce qui lui procure un avantage concurrentiel. Ainsi, 68 % des chefs d'entreprises industrielles fortement exportatrices considèrent que le prix des produits est un facteur « très important » de la compétitivité sur les marchés étrangers (document 3).

N'oubliez pas **d'illustrer votre analyse** avec les données les plus pertinentes des documents statistiques.

2. Les délocalisations vers les pays à bas coûts

- Les **délocalisations** représentent un phénomène complexe. **Au sens large**, elles consistent à remplacer la production dans un pays par celle d'un autre pays sans l'ouverture d'un lieu de production nouveau. Ce type de délocalisation correspond à l'**externalisation** d'une partie de la production de la firme à l'étranger. Il s'agit de réduire les coûts, soit en profitant d'économies d'échelle (car la production des **entreprises sous-traitantes** s'accroît), soit en bénéficiant de la faiblesse du coût de la main-d'œuvre.

- Au sens strict, les délocalisations supposent la fermeture d'une unité de production dans le pays d'origine de la FMN et le transfert de l'activité de production en créant une **filiale** dans le pays d'accueil. Ces délocalisations impliquent des **investissements directs à l'étranger (IDE)**, c'est-à-dire l'acquisition d'au moins 10 % d'une entreprise située à l'étranger. Ainsi, la part des **flux d'IDE entrants** en Chine en 2011 représente 8,1 % des flux d'IDE totaux, soit, approximativement, une multiplication par trois depuis 2000 (document 1), alors que les écarts d'évolution du **coût salarial unitaire** sont restés à peu près constants entre la zone euro et la Chine depuis l'année 2000 (document 2).

- Les FMN cherchent à améliorer leur compétitivité-prix en **délocalisant** une partie de leur production vers des pays où les coûts de production sont moins élevés que dans les pays d'origine. Mais les stratégies des FMN ne se limitent pas à cette volonté d'améliorer leur **compétitivité-prix**.

II La stratégie de localisation afin d'améliorer la compétitivité hors prix

La compétitivité d'une entreprise ne se limite pas aux **prix**. Elle concerne également la **qualité** des produits et la capacité à répondre à la **demande** des consommateurs.

1. Les stratégies pour améliorer la qualité

- Si, en ce qui concerne les **flux d'IDE entrants**, la part des **pays en développement** a fortement augmenté au cours des années 2000, celle des **pays développés** reste élevée puisqu'elle en représente environ la moitié en 2011 (document 1). En effet, pour une entreprise, l'avantage concurrentiel ne concerne pas seulement les prix mais également la qualité des produits. Ainsi, plus de 80 % des chefs d'entreprises industrielles exportatrices considèrent que la qualité des produits est un facteur déterminant de la **compétitivité** (document 3).

- Le développement de **pôles de compétitivité**, en France ou dans la Silicon Valley, aux États-Unis, illustre cette volonté des FMN de localiser leur production dans des pays ou des régions qui favorisent l'**innovation**. Au sein de ces pôles, les filiales des FMN se constituent en réseaux favorisant la diffusion de l'innovation et la maîtrise des nouvelles **technologies**.

2. La volonté de mieux répondre à la demande

- Les **délocalisations** peuvent correspondre à une volonté de mieux répondre à l'évolution des **goûts des consommateurs**. Ainsi, même si les coûts de production sont plus élevés, certaines FMN préfèrent rechercher des **« zones géographiques stratégiques »** afin de trouver des consommateurs ayant un pouvoir d'achat élevé. Ceci permet d'expliquer, pour 2011, la part élevée **des flux entrants d'IDE** aux États-Unis, premier marché mondial, avec 14,9 % (document 3).
- Cette stratégie, que l'on peut qualifier de **« stratégie de débouchés »**, est favorisée par la qualité de **l'environnement économique et social** des pays, ce qui est surtout vrai pour les pays développés. Ainsi, des **infrastructures économiques** de qualité, un **système éducatif** performant, la **stabilité politique** et une **réglementation économique** plutôt libérale sont autant de facteurs qui favorisent l'implantation des filiales des FMN. De plus, malgré un discours libre-échangiste des États, le recours aux **pratiques protectionnistes** n'a pas disparu et produire sur place constitue un moyen de contourner les mesures protectionnistes.
- Dans leur stratégie de localisation, les FMN prennent en compte la nécessité d'accéder le plus rapidement possible aux nouvelles technologies afin d'améliorer la qualité des produits. Elles cherchent également à contourner d'éventuelles barrières protectionnistes.

[CONCLUSION]

- [RÉPONSE À LA PROBLÉMATIQUE] Les stratégies de localisation des FMN sont diverses afin de **maximiser leurs profits** dans un environnement caractérisé par la **mondialisation de la concurrence**. Elles peuvent avoir pour objectif d'accroître leur compétitivité-prix ou d'améliorer leur compétitivité hors prix. Dans le premier cas, les FMN chercheront à s'implanter dans les pays où les coûts de production sont les moins élevés, le plus souvent les pays émergents. Dans le second cas, la destination des IDE sera plutôt les pays développés car il s'agira surtout de bénéficier du progrès technique et de se rapprocher de consommateurs disposant d'un pouvoir d'achat élevé.
- [OUVERTURE] Si les stratégies de délocalisation des FMN ont été un instrument puissant de la mondialisation économique, on peut se demander quels sont les **effets économiques et sociaux** de ces stratégies.

SCIENCE ÉCONOMIQUE

Quelle est la place de l'Union européenne dans l'économie globale ?

FICHES

BILAN

SUJETS CORRIGÉS

10 Comment l'Union européenne s'est-elle construite ?

L'Union européenne est née au lendemain de la Seconde Guerre mondiale avec pour ambition d'apporter la paix, la stabilité et la prospérité en Europe.

I Un processus d'intégration original

La construction européenne s'est faite par étapes successives :

- **1951** : création de la Communauté européenne du charbon et de l'acier (CECA) par l'Allemagne, le Benelux, la France et l'Italie.
- **1957** : signature du traité de Rome instituant la Communauté économique européenne (CEE).
- **1992 :** signature à Maastricht du traité sur l'Union européenne (UE).
- **1er janvier 1993** : mise en place du marché unique (libre circulation des marchandises, des services, des personnes et des capitaux).
- **1997** : signature du Pacte de stabilité et de croissance (PSC).
- **1998** : mise en place de la Banque centrale européenne (BCE).
- **1er janvier 1999 :** adoption de l'euro par onze pays pour leurs transactions commerciales et financières ; les pièces et les billets seront mis en circulation en 2002.
- **2009 :** entrée en vigueur du traité de Lisbonne (signé en 2007) sous une forme amendée.

L'espace Schengen est un espace de **libre circulation des personnes**. Il comprend 26 pays membres de l'UE et quatre pays associés (Islande, Liechtenstein, Norvège et Suisse).

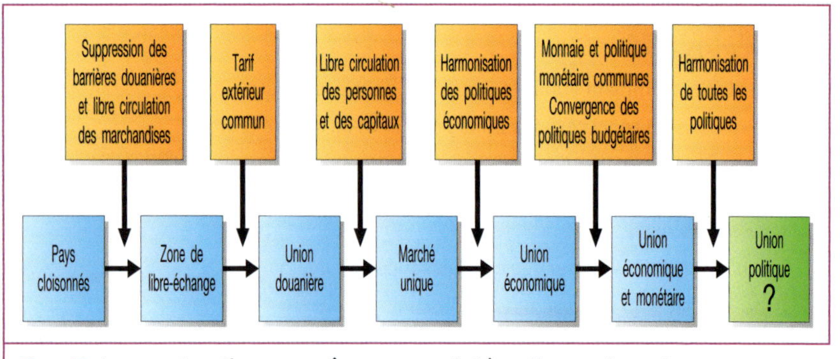

Doc. 1. **La construction européenne : une intégration croissante**

II L'Union européenne aujourd'hui

1. Union européenne (UE) et Union économique et monétaire (UEM)

- L'Union européenne n'a cessé de croître depuis les débuts de l'intégration en 1951. Les **élargissements successifs** (1973, 1981, 1986, 1995, 2004, 2007 et 2013) ont permis à de nouveaux pays d'entrer dans l'UE.
- Au 1er janvier 2014, 18 États membres de l'Union européenne sur 28 ont adopté la monnaie commune et constituent l'**Union économique et monétaire** (ou zone euro).

États membres de l'Union européenne		États candidats
États membres de la zone euro	États non membres de la zone euro	
Allemagne, Autriche, Belgique, Chypre, Espagne, Estonie, Finlande, France, Grèce, Irlande, Italie, Lettonie, Luxembourg, Malte, Pays-Bas, Portugal, Slovaquie, Slovénie	Bulgarie, Croatie, Danemark, Hongrie, Lituanie, Pologne, République tchèque, Roumanie, Royaume-Uni, Suède	Ancienne République yougoslave de Macédoine, Islande, Monténégro, Serbie, Turquie

2. La place de l'UE dans l'économie mondiale

- L'UE compte **502 millions d'habitants** au 1er janvier 2012, soit environ 7 % de la population mondiale.
- En 2012, le PIB de l'UE à 27 s'élève à 12 899 milliards d'euros, soit **23,2 % du PIB mondial**. Le PIB européen est plus élevé que le PIB américain.
- L'UE est le **premier exportateur et importateur mondial** avec 17 % des exportations et 17,5 % des importations mondiales en 2010.
- Environ deux tiers du volume total des échanges des pays de l'UE sont réalisés avec d'autres pays de l'UE. Les États-Unis et la Chine sont les principaux partenaires commerciaux de l'UE.

EN BREF

La construction européenne a favorisé une intégration croissante des pays européens et l'UE occupe aujourd'hui une place importante dans l'économie mondiale.

11 Pourquoi certains États de l'UE ont-ils adopté l'euro ?

L'Union économique et monétaire (UEM) et la monnaie unique sont sources de retombées positives, mais cette intégration plus étroite a aussi accru l'interdépendance entre les pays de la zone euro.

I La mise en place de l'UEM

■ Pour accéder à l'UEM, les pays candidats doivent respecter **cinq critères de convergence** définis lors du traité de Maastricht (1992) :
- la **stabilité des prix** : le taux d'inflation ne peut dépasser de plus de 1,5 point la moyenne des trois États ayant la plus faible inflation ;
- des **taux d'intérêt bas** : les taux d'intérêt à long terme ne peuvent varier de plus de 2 points par rapport à la moyenne des taux des trois États ayant l'inflation la plus basse ;
- un déficit public inférieur à 3 % du PIB ;
- une dette publique qui ne peut excéder 60 % du PIB ;
- une **monnaie stable**.

■ L'effort accompli par les États en vue de leur adhésion à la zone euro se poursuit après l'adhésion, dans le cadre du **Pacte de stabilité et de croissance (PSC)** → Fiche 12.

Le **déficit public** désigne la différence entre recettes et dépenses des administrations publiques tandis que la **dette publique** correspond à l'accumulation des déficits et au coût de l'intérêt.

II Objectifs et contraintes de l'UEM

1. Des objectifs ambitieux

■ Les objectifs de la monnaie unique sont les suivants :
- favoriser la **croissance économique** (suppression des contraintes de change) et favoriser l'activité économique (baisse des taux d'intérêt et absence d'inflation) ;
- conduire à une **baisse des prix** (mise en concurrence des entreprises de la zone euro) ;
- encourager l'**investissement** et profiter à l'**emploi** (vaste zone de stabilité) ;
- être capable de concurrencer le **dollar** (stature internationale) et être une avancée dans la construction européenne (symbole fort d'une monnaie unique).

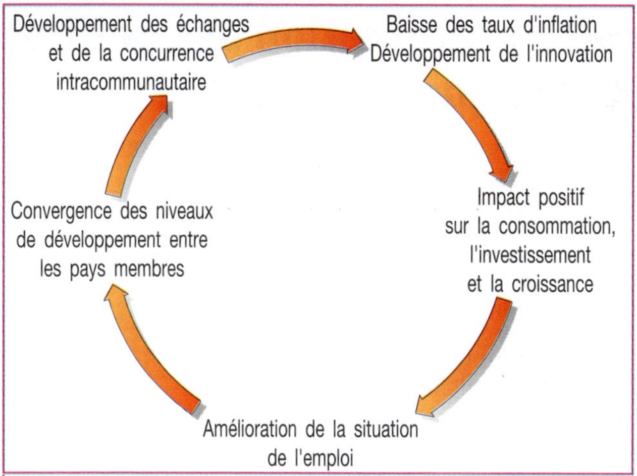

Doc. 2. La construction européenne : un cercle vertueux

2. Des résultats mitigés

- Après un recul de 0,6 % de son PIB en 2012, la zone euro est sortie de la récession en 2013 (+ 0,3 % et + 0,1 % aux 2e et 3e trimestres 2013). Cependant, la reprise reste fragile et les **écarts de croissance** entre les différents pays demeurent importants.
- La zone euro connaît par ailleurs un **taux de chômage élevé** : 12,1 % en novembre 2013. Certains pays sont plus durement touchés : ainsi, plus d'un actif sur quatre était au chômage en Grèce et en Espagne fin 2013.

3. Les contraintes liées à l'insertion dans la zone euro

- Pour respecter les critères de convergence, de nombreux pays ont dû mener des **politiques de rigueur**, ce qui a pu représenter un coût élevé.
- L'adoption de l'euro a limité les marges de manœuvre des États membres dans le cadre des politiques budgétaires et entraîné une **perte d'autonomie en matière de politique monétaire**. Ainsi, les pays ne peuvent plus utiliser l'arme du taux de change. En cas de déficit commercial, un pays ne peut plus choisir de dévaluer pour améliorer sa compétitivité-prix et son solde extérieur.

EN BREF

La mise en place de l'UEM, qui devait favoriser la croissance, l'investissement et l'emploi des pays membres, a également rendu plus délicate la conduite des politiques économiques.

12 Quelle coordination des politiques économiques dans l'UE ?

La crise financière mondiale a révélé les faiblesses de l'Union européenne et mis en évidence la nécessité de réformes.

I Une coordination insuffisante

1. Les politiques économiques en Europe

Les politiques économiques sont partagées en Europe entre les institutions de l'UE et celles des États membres.

- La **politique monétaire** de la zone euro est menée depuis 1999 par la Banque centrale européenne (BCE).
- La **politique budgétaire** est une compétence nationale des États. Elle est cependant contrainte par le Pacte de stabilité et de croissance (PSC), qui vise à assurer la discipline budgétaire des États membres pour éviter l'apparition de déficits excessifs.

Le **PSC** impose de maintenir le déficit public en dessous de 3 % du PIB et la dette publique inférieure à 60 % du PIB.

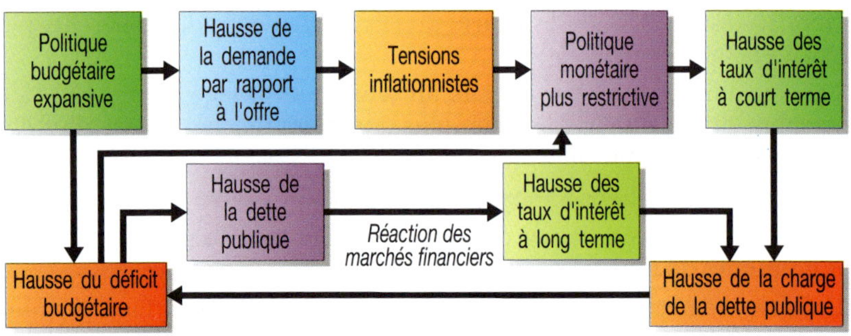

Doc. 3. L'articulation entre politique monétaire et politique budgétaire

2. La crise financière a révélé les faiblesses de l'UEM

La crise apparue en 2008 a mis en évidence **l'interdépendance des économies européennes**. Les difficultés d'un pays peuvent avoir des répercussions sur l'ensemble de la zone euro (exemple de la Grèce).

- Les **finances publiques se sont détériorées.** En 2012, aucun pays de la zone euro n'a respecté le PSC. La dette publique dans la zone euro est passée de 65 à 90 % du PIB entre 2007 et 2012.
- La confiance des marchés en la **solvabilité** de certains pays de l'UEM s'est érodée, ce qui augmente les intérêts et le coût de refinancement sur les marchés.

II La nécessité de nouvelles réformes

1. Au sein de l'Union européenne

- Le **semestre européen** est un nouvel instrument. Depuis 2011, la Commission européenne identifie les principaux défis de l'UE et lui fournit des orientations stratégiques. En fonction de ces résultats, les États rédigent des programmes nationaux de réforme.
- La **Stratégie Europe 2020** a pour objectif de jeter les bases d'une croissance « intelligente, durable et inclusive » en Europe, en s'appuyant sur une plus grande **coordination entre les politiques nationales et européennes**.

3 axes	5 objectifs quantitatifs
Importance de l'innovation avec des politiques encourageant la recherche et les projets communs	Taux d'emploi > 75 % (68,4 % en 2012)
	Consacrer 3 % du PIB à la recherche et au développement (contre 2 % en 2010)
Augmentation du taux d'emploi	Réduire le taux de pauvreté de 25 %
	Taux d'échec scolaire < 10 % (15 % en 2010)
Rechercher une croissance plus verte	40 % des trentenaires doivent être titulaires d'un diplôme de l'enseignement supérieur (contre 33,6 % en 2010)

2. Dans la zone euro

L'interdépendance des économies est encore plus forte dans la zone euro, ce qui a conduit à l'adoption de mesures spécifiques en mars 2011.

- Le **mécanisme européen de stabilité (MES)** est destiné à aider les États en difficulté à se refinancer.
- Le **pacte euro** (17 pays de la zone euro et 6 autres pays de l'UE) qui fixe des objectifs, qui vont plus loin que ceux du semestre européen, pour réduire les écarts de compétitivité.

EN BREF

La crise financière, en mettant en évidence les faiblesses de la gouvernance économique au sein de l'UEM, l'a obligée à adopter des réformes nécessaires pour relever les défis qui lui sont lancés.

Quiz express

Vérifiez que vous avez bien retenu les points clés des **fiches 10 à 12.**

Comment l'Union européenne s'est-elle construite ?

1 La construction européenne traduit un processus d'intégration :

☐ **a.** décroissante des économies européennes.

☐ **b.** croissante des économies européennes.

2 L'adoption d'une monnaie commune entre les pays de la zone euro illustre le passage :

☐ **a.** d'une zone de libre-échange à une union douanière.

☐ **b.** d'une union économique à une union économique et monétaire.

☐ **c.** d'une union économique et monétaire à une véritable union politique.

3 Qu'est-ce qui est possible ?

☐ **a.** Un État appartient à l'Union européenne sans faire partie de la zone euro.

☐ **b.** Un État appartient à la zone euro sans faire partie de l'Union européenne.

☐ **c.** Un État de l'Union européenne appartient à la zone euro.

4 Cochez les affirmations exactes.

☐ **a.** La population de l'Union européenne représente 20 % de la population mondiale.

☐ **b.** Les pays de l'Union européenne réalisent la majeure partie de leurs échanges entre eux.

☐ **c.** Le PIB européen est moins élevé que le PIB américain.

Pourquoi certains États de l'UE ont-ils adopté l'euro ?

5 Vrai ou faux ? Cochez la bonne case.

	VRAI	FAUX
a. Pour accéder à l'UEM, il suffit pour un pays de se porter candidat et de chercher à respecter des critères d'adhésion.	☐	☐
b. Pour accéder à l'UEM, un pays doit présenter des finances publiques saines, des prix stables et des taux d'intérêt élevés.	☐	☐
c. Pour accéder à l'UEM, un pays doit présenter des finances publiques saines, des prix stables et des taux d'intérêt bas.	☐	☐

6 **Quels avantages pouvait-on attendre de la monnaie unique ?**

- ☐ **a.** Un développement des échanges au sein de la zone et une baisse des prix.
- ☐ **b.** Une avancée dans la construction européenne.
- ☐ **c.** Des créations d'emplois, une hausse de l'investissement et davantage de croissance économique.

7 **Dans quel(s) domaine(s) les marges de manœuvres des États ont-elles été limitées après leur insertion dans la zone euro ?**

- ☐ **a.** La politique monétaire et budgétaire.
- ☐ **b.** La politique budgétaire uniquement.
- ☐ **c.** La politique monétaire uniquement.

8 **L'insertion dans la zone euro…**

- ☐ **a.** a permis de faire converger de façon durable les économies des États membres de la zone.
- ☐ **b.** a conduit un certain nombre d'États à mener des politiques de rigueur.
- ☐ **c.** n'a pas permis de supprimer les divergences entre les États membres de la zone.

SUJET 11

Quelle coordination des politiques économiques dans l'UE ?

9 **Quelle(s) politique(s) la BCE conduit-elle pour les pays de la zone euro ?**

- ☐ **a.** La politique monétaire des pays membres de la zone.
- ☐ **b.** La politique budgétaire des pays membres de la zone.
- ☐ **c.** La politique monétaire et budgétaire des pays membres de la zone.

10 **À quoi l'adoption de la monnaie unique a-t-elle conduit ?**

- ☐ **a.** À la montée des interdépendances entre les pays membres.
- ☐ **b.** À une plus grande indépendance des pays membres.
- ☐ **c.** Aucun effet sur les États membres.

11 **Quels sont les objectifs de la Stratégie Europe 2020 ?**

- ☐ **a.** La relance de la croissance économique en Europe.
- ☐ **b.** Le développement de la croissance économique en y incluant des objectifs sociaux.
- ☐ **c.** L'obtention d'une croissance qui limite les impacts négatifs de l'activité sur l'environnement.

SUJETS 10 ET 11

RÉPONSES

1. b • **2.** b • **3.** a et c • **4.** b • **5.** Seule c est vraie • **6.** a, b et c • **7.** a • **8.** b et c • **9.** a • **10.** a •
11. b et c.

SUJET 10 | La répartition géographique des exportations françaises

ÉTUDE D'UN DOCUMENT

Vous présenterez le document, puis vous expliquerez les avantages du marché unique pour la France.

DOCUMENT

Structure géographique des exportations françaises en 2012 (données brutes) et évolution annuelle du poids de chaque zone (en points de pourcentage)

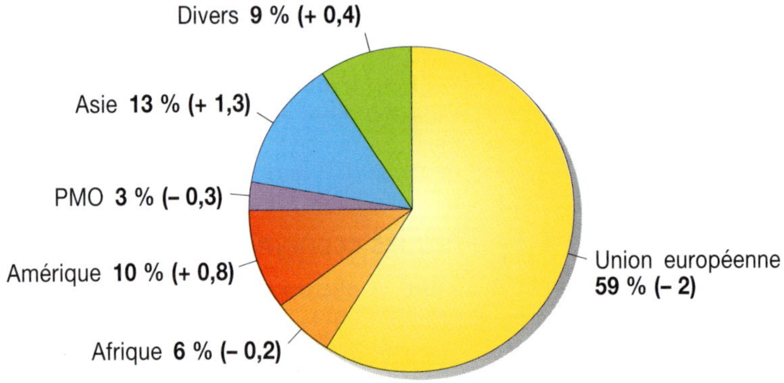

Exportations totales CAF/FAB hors militaire : **434,1 Md€**

Source : Douanes françaises.
Lecture : en 2012, 59 % des exportations françaises étaient destinées à la zone euro.

DÉMARRONS ENSEMBLE

- Le graphique met en évidence la **répartition géographique** des exportations françaises en 2012. Pour traiter le sujet, il faut donc s'intéresser à la part des exportations destinées à la zone euro.
- Depuis 1993, cette zone constitue un marché unique, ce qui signifie que les marchandises, les personnes, les capitaux et les services peuvent circuler librement entre les pays membres de l'Union européenne (28 pays). Il s'agit de montrer les **effets** de ces exportations sur la croissance française.

CORRIGÉ

CORRIGÉ RÉDIGÉ

[INTRODUCTION]

Ce graphique circulaire, dont la source est les Douanes, présente la **répartition géographique** en pourcentage des **exportations** de la France en 2012 et l'évolution annuelle, en points de pourcentage, de cette répartition. Il permet de comprendre l'intérêt du **marché unique** pour la croissance française.

[DÉVELOPPEMENT]

- Selon les Douanes françaises, plus de la moitié des exportations françaises étaient destinées à l'Union européenne en 2012. Ainsi, les principaux clients extérieurs des entreprises françaises se trouvent dans l'Union européenne, même si la part de l'Union européenne baisse de 2 points de pourcentage en 2012 par rapport à 2011.

- Avec la mise en place du **marché unique**, les pays de l'Union européenne ont renforcé leur **intégration économique**. En effet, le marché unique est l'ultime étape d'un processus commencé avec le traité de Rome, signé en 1957 et appliqué dès 1958. Mais l'union économique ne se réduit pas à un marché commun où circulent sans entraves les biens, les personnes et les capitaux. Il faut y ajouter la mise en œuvre de politiques économiques définies en commun, cette coordination étant censée favoriser la **convergence économique** des pays constituant l'Union européenne.

- Grâce au marché unique, les exportations des pays de l'Union européenne bénéficient des avantages du **libre-échange**, car les marchandises exportées ne sont pas soumises aux taxes douanières ou autres **mesures protectionnistes**. Ainsi, pour l'économie française, la hausse des exportations vers d'autres pays de l'Union européenne entraîne un **choc de demande positif**, car les exportations représentent une partie de la **demande globale**. Cependant, ce choc dépend de la croissance des autres pays européens. La faible croissance économique dans la zone euro, liée à la nécessité de réduire les déficits budgétaires, peut expliquer le recul de 2 points de pourcentage de la part des exportations françaises vers l'Union européenne entre 2011 et 2012. De plus, le marché encourage l'**innovation** des entreprises exportatrices afin de les rendre plus **compétitives**.

[CONCLUSION]

En permettant la libre circulation des marchandises, le marché unique favorise les exportations des pays de l'Union européenne, provoquant ainsi un choc de demande favorable à la croissance économique.

SUJET 11 | La coordination des politiques macroéconomiques dans la zone euro

| DISSERTATION |

Pourquoi les politiques macroéconomiques des pays membres de la zone euro doivent-elles être coordonnées ?

DOCUMENT 1 Indicateurs économiques de la zone euro en 2007 (en %)

	Taux de croissance	Taux d'inflation	Taux de chômage
Allemagne	2,5	2,3	8,4
Espagne	3,7	2,8	8,3
France	2,2	1,6	8,3
Grèce	4,0	3,0	8,3
Italie	1,5	2,0	6,1
Moyenne zone euro (15 pays)	**2,6**	**2,1**	**7,4**

Source : Eurostat

DOCUMENT 2 La situation des finances publiques dans l'Union européenne

	2007	2008	2009	2010
Zone euro (17 pays)				
Déficit public ou excédent public (% du PIB)	– 0,7	– 2,0	– 6,3	– 6,0
Dépenses publiques (% du PIB)	45,9	46,9	50,8	50,4
Recettes publiques (% du PIB)	45,2	44,8	44,5	44,4
Dette publique (% du PIB)	66,2	69,9	79,3	85,1
UE (27 pays)				
Déficit public ou excédent public (% du PIB)	0,9	2,4	6,8	6,4
Dépenses publiques (% du PIB)	45,6	46,9	50,8	50,3
Dépenses publiques (% du PIB)	44,8	44,6	44,5	44,0
Dette publique (% du PIB)	59,0	62,3	74,4	80,0

Source : Eurostat

DOCUMENT 3

Sur la base de propositions formulées à l'automne 2010 par une commission *ad hoc* présidée par Herman Van Rompuy (reprenant elle-même des propositions de la Commission européenne), le Conseil de mars 2011 a adopté un ensemble de mesures visant à renforcer le pacte de stabilité, à accélérer l'application éventuelle de sanctions, à améliorer la qualité des institutions et des processus budgétaires nationaux (en particulier l'information statistique et la prévision), à élargir le champ de la surveillance (tout « déséquilibre excessif », repéré à partir d'un tableau de bord à définir, pouvant donner lieu à des sanctions) et, enfin, à renforcer la coordination sur la base du « semestre européen » - première partie de l'année civile consacrée à une discussion au niveau européen des projets nationaux de finances publiques et de réformes. Parallèlement, les membres de la zone euro, rejoints par six pays hors zone, ont adopté un pacte « euro-plus » pour renforcer encore la coordination de leurs politiques de croissance et de finances publiques. [...]

L'Économie mondiale 2012, CEPII, La Découverte, 2011.

DÉMARRONS ENSEMBLE

- Pour cette dissertation, vous allez être amené à mettre en œuvre des connaissances sur les **politiques macroéconomiques** et sur la mise en place de l'euro.
- Dans un premier temps, votre maîtrise des mécanismes économiques vous permettra d'expliquer les effets d'une **monnaie unique** sur les pays ayant adhéré à l'euro.
- Dans un second temps, vous rendrez compte de la nécessité de la **coordination** des politiques macroéconomiques.

CORRIGÉ

CORRIGÉ RÉDIGÉ

POINT MÉTHODE

Définir la problématique d'un sujet de dissertation

- Le traitement d'une dissertation implique de définir une **problématique** à laquelle le développement doit répondre. Cette problématique est le résultat de l'analyse du sujet.
- Pour analyser le sujet, vous devez tout d'abord définir les **termes du sujet**, puis le décomposer en **questions-guides** qui vous aideront à étudier le dossier documentaire et à mobiliser vos connaissances. Sur ce sujet, par exemple, on peut se poser plusieurs questions : en quoi consiste la coordination des politiques macroéconomiques des pays de l'Union européenne ? Pourquoi la création de la monnaie unique nécessite-t-elle cette coordination ? Est-elle prévue par le traité de Maastricht ? Qu'en est-il de cette coordination ?
- Ce travail doit vous permettre de **reformuler le sujet** et de définir ainsi une **problématique**, c'est-à-dire la démarche que vous allez adopter pour répondre à la question posée. Ici, la problématique sera : « Pourquoi l'adoption d'une monnaie unique suppose-t-elle que les politiques macroéconomiques des pays membres de la zone euro se rapprochent et se coordonnent ? »

[INTRODUCTION]

- [AMORCE] Avec la crise dite de la dette « souveraine », en 2011, la **zone euro** vit sous la pression d'une éventuelle disparition de la monnaie unique. Il semble que cette crise des 17 pays ait comme cause l'échec de la coordination des politiques économiques dans la zone euro depuis sa création.
- [DÉFINITION DES TERMES DU SUJET] Les **politiques macroéconomiques** représentent l'ensemble des décisions que prennent les pouvoirs publics afin d'atteindre certains objectifs économiques : une **croissance équilibrée**, sans inflation ni chômage, tout en maintenant l'équilibre extérieur. La coordination de ces politiques signifie une action concertée des pays membres de la zone euro.

Suivez l'**actualité** ! Faire référence à des exemples récents de l'actualité économique et sociale pour commencer votre devoir est une manière de montrer votre maîtrise du sujet.

- [PROBLÉMATIQUE ET ANNONCE DU PLAN] Pourquoi l'adoption d'une monnaie unique suppose-t-elle que les politiques macroéconomiques des pays membres de la zone euro se coordonnent ? Pour répondre à cette problématique, il faut commencer par expliquer les **effets de la monnaie unique** sur les politiques macroéconomiques avant de souligner la nécessité de la coordination.

I Les effets de la monnaie unique sur les politiques macroéconomiques

Depuis le 1er janvier 1999, la politique monétaire des pays de la zone euro mise en œuvre par la Banque centrale européenne (BCE) devient unique alors que chaque pays conserve une **politique budgétaire autonome**.

1. Une politique monétaire unique

- La BCE occupe un rôle central dans la gestion de la monnaie unique. **Indépendante du pouvoir politique**, c'est elle qui mène la politique monétaire pour tous les pays appartenant à la zone euro.
- Les statuts de la BCE stipulent que son objectif principal et quasi unique est la **stabilité des prix**, c'est-à-dire un niveau d'inflation avoisinant les 2 %. Pour atteindre cet objectif, la BCE agit sur le taux d'intérêt auquel les banques se refinancent auprès de la BCE. Les banques centrales nationales comme la Banque de France n'ont pas disparu. Elles font partie du Système européen de banques centrales (SEBC) et mettent en œuvre, au niveau national, les décisions prises par la BCE.

2. Des politiques budgétaires nationales

- Si, dans la zone euro, la politique monétaire décidée par la BCE s'applique à tous les pays de la zone, **les politiques budgétaires restent autonomes**. Cependant, cette autonomie est sous le contrôle du Pacte de stabilité et de croissance.
- Le Conseil européen (composé des chefs d'État ou de gouvernement) a adopté en juin 1997 à Amsterdam le **Pacte de stabilité et de croissance**. Ce dernier précise que les pays de la zone euro ne doivent pas avoir un déficit budgétaire de plus de 3 % du produit intérieur brut (PIB) ni un taux d'endettement supérieur à 60 % du PIB. Si un pays dépasse ces limites, la Commission européenne peut entamer une procédure de déficit excessif qui peut conduire à des pénalités pour les pays fautifs.
- La crise économique qui débute par une crise financière en 2008 s'est transformée en crise budgétaire pour les pays de la zone euro, certains d'entre eux étant asphyxiés par un niveau d'endettement trop élevé. Elle montre que le pacte de stabilité n'a pas réussi à endiguer les **dérives budgétaires**, d'où la décision de renforcer ce pacte (document 3).
- En 2011, il est donc notamment prévu des **sanctions quasi-automatiques** pour les États membres de la zone euro et une règle stricte de réduction des dettes publiques dépassant la valeur de référence de 60 % du PIB. Le **pacte « euro-plus »** (« plus » car plusieurs pays n'appartenant pas à la zone euro l'ont adopté) prévoit un **renforcement du contrôle** sur les politiques budgétaires.

L'adoption de la monnaie unique a profondément transformé les politiques macroéconomiques des pays de la zone euro : ils n'ont plus la maîtrise de leur politique monétaire, les décisions étant de la responsabilité de la BCE. Si l'autonomie des politiques budgétaires est conservée, elle est néanmoins de plus en plus contrôlée.

II La coordination nécessaire des politiques macroéconomiques

S'il apparaît que la coordination des politiques macroéconomiques entre pays de la zone est une nécessité, elle connaît certaines limites.

1. Les effets d'un manque de coordination des politiques macroéconomiques

Ne citez que les **auteurs** dont vous maîtrisez les théories !

- Pour certains économistes, une zone monétaire n'est viable que si elle n'est pas exposée à des chocs asymétriques trop fréquents. Les facteurs de production travail et capital doivent également être très mobiles, car cette mobilité permet de compenser l'impossibilité d'agir sur les taux de change afin de **restaurer la compétitivité** des économies nationales. Or, la mobilité du travail en Europe reste limitée, contrairement à ce qui peut se passer aux États-Unis, en raison des barrières que constituent la langue et la culture de chaque pays.
- Ayant pour seule mission de garantir la stabilité des prix, la BCE ne peut répondre à un choc économique car elle ne peut pas intervenir lorsque la croissance ralentit dans un pays de la zone ou dans l'ensemble de la zone. Ainsi, le seul moyen pour un pays de répondre à ce choc est d'utiliser la **politique budgétaire** afin de relancer son économie, mais celle-ci est soumise aux contraintes du Pacte de stabilité.

2. Les limites de la coordination

- Au moment où commence la crise, les pays de la zone euro semblent converger sur un seul point : le **taux de chômage**. De fait, le taux de chômage est supérieur à 8 % dans la plupart des économies citées dans le document 1. Les autres indicateurs concernant la croissance, notamment le **taux d'inflation**, montrent des situations très contrastées. Ainsi, si la Grèce connaît une croissance de 4 %, l'Italie est à la traîne avec une croissance de son PIB réel de 1,5 %. Mais pour la Grèce, cette croissance a comme revers une inflation supérieure de 1,4 point à celle de la France (document 1). Dès lors, il n'est pas surprenant de voir, dans ce pays, les impératifs du Pacte de stabilité remis en cause en 2009 et 2010 puisque le déficit public de la zone euro est de 6 %, soit le double de celui autorisé par le Pacte, et la dette publique atteint les 85 % en 2010 (document 2).

Les contraintes imposées par le **traité d'Amsterdam** sont le résultat de la volonté de conserver des **politiques budgétaires autonomes**. Mais pour éviter une trop forte récession, les pays sont obligés d'accroître leurs dépenses publiques, dont la part dans le PIB a augmenté de près de 5 points de pourcentage en trois ans. Cependant, le remède apparaît quasiment pire que le mal car la **crise de l'endettement** dans certains pays pose le problème de la survie de l'euro. La réponse des pouvoirs publics est un renforcement des contraintes budgétaires.

Les chocs économiques frappent de la même manière les économies de la zone, ce qui rend nécessaire la coordination des politiques budgétaires car l'euro pourrait disparaître. Cependant, il ne semble pas que la zone euro ait réussi depuis plus de 10 ans à faire converger les économies de la zone, montrant ainsi les **insuffisances de la monnaie unique**.

[CONCLUSION]

[RÉPONSE À LA PROBLÉMATIQUE] La création de l'Union économique et monétaire a profondément modifié les conditions de la mise en œuvre des politiques macroéconomiques pour les pays adhérents de la zone euro. La **politique monétaire menée par la BCE** devient commune et les États conservent l'autonomie de leur politique budgétaire. Cependant, ces politiques sont soumises à des contraintes définies par le Pacte de stabilité et de croissance, impliquant une coordination des politiques économiques.

[OUVERTURE] Cependant, malgré ces contraintes, les divergences entre les économies de la zone euro restent importantes et la crise financière a mis au jour les contradictions de la monnaie unique. Les pays membres se refusent, pour l'instant, à mettre en œuvre une politique budgétaire décidée au niveau européen. Au contraire, ils ont renforcé le contrôle des politiques budgétaires. On ne sait, pour l'instant, si ce contrôle renforcé sauvera l'euro.

La croissance économique est-elle compatible avec la préservation de l'environnement ?

FICHES

BILAN

SUJETS CORRIGÉS

13 Quels sont les fondements de l'analyse économique du développement durable ?

L'analyse économique du développement durable intègre l'évolution des stocks de quatre types de capital qui interagissent les uns sur les autres.

I Le développement durable : une définition récente

- Le développement durable (*sustainable development*) est défini dans le **rapport Brundtland** (1987) comme « un développement qui répond aux besoins du présent sans compromettre la capacité des générations futures à répondre aux leurs ». Il intègre trois dimensions : économique, sociale et environnementale.
- Il s'agit notamment de déterminer si la croissance économique est compatible avec la préservation de l'environnement.

II Les capitaux naturel et physique

1. Le capital naturel

- Le **capital naturel** est constitué du stock des ressources telles que minéraux, plantes, animaux, air, pétrole de la biosphère terrestre, qui sont des moyens de production d'oxygène, de filtration de l'eau, de prévention de l'érosion. Le capital naturel constitue une approche d'estimation de la **valeur d'un écosystème**.
- Le capital naturel contribue à la croissance et au bien-être des populations, de manière parfois **difficilement mesurable**. Ainsi, une forêt exploitée pour son bois (service productif mesurable) absorbe une partie de la production de gaz à effet de serre (service productif non mesuré) et est un lieu propice à la randonnée (service productif non marchand).

> Les **ressources naturelles** sont renouvelables (eau, air, forêt) ou non renouvelables (pétrole) sur une période courte.

2. Le capital physique produit

- Le **capital physique** produit correspond au stock accumulé de biens ou de richesses que l'on utilise pour produire de nouveaux biens ou revenus. Il provient de l'accumulation des investissements réalisés par les entreprises, les ménages et l'État au cours du temps.

■ Il peut parfois **se substituer au capital naturel** ou contribuer à **le préserver** pour les générations futures. Le développement de nouvelles technologies permet ainsi d'utiliser plus efficacement les ressources naturelles ou, dans le cas des énergies renouvelables, de réduire les émissions de polluants.

III Les capitaux humain et institutionnel

1. Le capital humain

■ Le **capital humain** est l'ensemble des **aptitudes**, **qualifications**, **expériences** accumulées par un individu et qui déterminent en partie sa capacité à travailler ou à produire pour lui-même ou pour les autres. Il est un facteur essentiel de croissance économique et de développement qui génère des externalités positives.

Les **externalités positives** sont les effets positifs d'une activité économique non pris en charge par la collectivité (une route construite par EDF pour construire un barrage en montagne).

■ Le capital humain est reproductible et il s'agit donc de le mobiliser comme **facteur de développement durable**. Cela suppose de sortir d'une gestion à court terme en investissant dans l'éducation et la recherche afin de constituer le capital humain des générations futures.

2. Le capital institutionnel

■ Le **capital institutionnel** est formé de l'ensemble des institutions qui occupent une place cruciale dans le processus de croissance et de développement.

■ Le capital institutionnel constitue un **cadre cohérent et réglementé** qui permet la bonne gestion des autres types de capital. Par exemple, le droit de propriété est un moyen pour résoudre les conflits liés au partage des ressources.

Les **institutions** sont des structures coutumières ou légales qui participent à l'organisation de la société (la famille, l'École).

EN BREF

L'interaction entre quatre types de capital doit permettre de préserver les possibilités de développement pour les générations futures.

14 Quels objectifs pour les politiques environnementales ?

Assurer la soutenabilité de la croissance suppose de se fixer des objectifs qui dépendent des approches que l'on peut avoir du développement durable.

I Hypothèse de soutenabilité faible

1. Des capitaux substituables

- Les tenants de la soutenabilité faible font l'hypothèse que les différents types de capitaux sont substituables et qu'il est possible de gérer au mieux ces capitaux en maintenant un stock de capital global (physique produit, humain, institutionnel et naturel) constant : c'est la **règle de Hartwick**.

La **substituabilité** désigne le fait de remplacer un élément par un autre.

- Par exemple, une diminution du capital naturel peut entraîner des pertes de bien-être, mais elle sera compensée par davantage de revenus et de capital physique produit.

2. Des objectifs limités

- Dans cette optique d'origine néolibérale, les objectifs des politiques environnementales restent limités et mettent plutôt l'accent sur des mesures en faveur du **développement technologique**. On fait **confiance au marché** pour réorienter la production.
- Les partisans de la soutenabilité forte remettent en cause cette **vision optimiste du futur**. Est-on sûr qu'on n'épuisera pas les ressources renouvelables, comme nous le montre l'exemple de la déforestation au niveau planétaire ? Les investissements de substituabilité seront-ils réalisés à temps ? Le progrès technique pourra-t-il toujours apporter une solution ?

II Hypothèse de soutenabilité forte

1. Pas de substitution absolue

- Il existe une **asymétrie forte** entre le capital reproductible par l'homme (technique, humain…) et le capital naturel, beaucoup moins reproductible. Les possibilités de substitution se heurtent à des limites physiques. Ainsi, l'**utilisation des ressources épuisables** pose un problème de gestion car elle ne peut continuer indéfiniment.

- La **dégradation accélérée de l'environnement**, par exemple le réchauffement climatique, exige d'agir rapidement. Dans les pays riches, l'émission de CO_2 par habitant, marqueur essentiel de la contribution d'un pays au réchauffement climatique, est nettement supérieure au seuil absolu (1,8 tonne/habitant) qu'il faudrait atteindre dans les prochaines décennies.

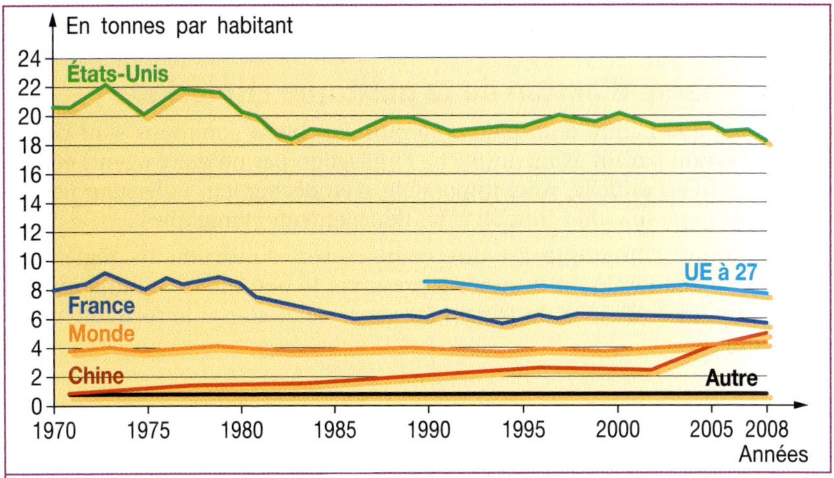

Doc. 1. Les émissions de CO_2 dues à l'énergie par habitant dans le monde
Source : Agence internationale de l'énergie, 2010.

2. Des objectifs plus ambitieux

- Un premier objectif consiste à définir des seuils de ressources non remplaçables. Ces seuils, appelés « **capitaux naturels critiques** », sont néanmoins difficiles à définir. Que doit-on préserver ? Qui décide des seuils ? Quel en est le coût financier et social ?
- Il faut aussi **orienter la croissance**, qui est nécessaire à l'amélioration de l'environnement. Par exemple, on peut favoriser l'isolation des logements ou encourager la construction d'éoliennes par un système de subventions étatiques.

EN BREF

Les objectifs en matière de politiques environnementales sont divergents si on fait confiance au progrès technologique et à l'adaptabilité du marché, ou si on estime que cette confiance ne suffit pas.

15 Quels instruments économiques pour la politique climatique ?

La politique climatique suppose de définir un champ d'action et des instruments à mettre en œuvre.

I Le champ d'action de la politique climatique

- Le climat a la nature d'un bien commun. Les biens communs sont rivaux (leur utilisation par un agent empêche l'utilisation par un autre agent) et non excluables (il est difficile, voire impossible, d'empêcher leur utilisation par les individus). Cette situation conduit à des dérèglements climatiques.
- La **politique climatique** est une combinaison d'instruments réglementaires et/ou économiques destinés à préserver le patrimoine naturel en luttant contre les émissions de gaz à effet de serre et contre le réchauffement climatique.

II Les trois instruments complémentaires de la politique climatique

1. La réglementation

- Les pouvoirs publics (État) peuvent décider d'intervenir pour corriger les conséquences des externalités négatives non prises en charge par le marché (la pollution, par exemple) et prendre des mesures réglementaires. Ils fixent alors des **normes environnementales**, c'est-à-dire des niveaux de pollution à ne pas dépasser.
- Dans le cadre de la politique climatique, l'État établit des règles (interdiction des gaz CFC dans les produits aérosols, limitation des émissions de CO_2 des véhicules automobiles…) mais aussi les sanctions nécessaires pour les faire respecter.

2. La taxation

- L'État peut aussi recourir à la fiscalité en créant des taxes écologiques, appelées écotaxes. L'objectif est alors de réguler la pollution en agissant sur le prix des produits.
- L'avantage de cette fiscalité est double : d'une part, elle permet de **réduire les dommages** de la pollution selon le principe du « pollueur-payeur » ; d'autre part, les recettes obtenues peuvent être utilisées pour **financer des programmes** environnementaux (isolation des logements par exemple).

> Une **taxe** assise sur les émissions fait payer à chaque pollueur le produit du taux (unique) de la taxe par la quantité de pollution émise.

3. Les marchés de quotas d'émission

- Devant l'insuffisance d'efficacité économique des actions menées par l'État, certains préconisent la réintroduction des **principes de marché**. Dans la lutte contre le réchauffement climatique, la réduction des émissions de gaz à effet de serre constitue un objectif, légalement contraignant et assorti de délais. On s'appuie alors sur des institutions marchandes qui fonctionnent selon la loi de l'offre et la demande pour réguler (dans le sens d'une baisse) les émissions de CO_2.
- Les autorités ont ainsi mis en place un marché de quotas d'émission de CO_2 qui oblige les pollueurs à acheter des permis d'émission aux non (ou peu) pollueurs. La confrontation de l'offre et de la demande aboutit à la fixation d'un prix de CO_2 d'équilibre, censé inciter les pollueurs à réduire leur pollution.

Les **quotas d'émission** sont des quantités maximales de rejet de GES à ne pas dépasser pour chaque producteur.

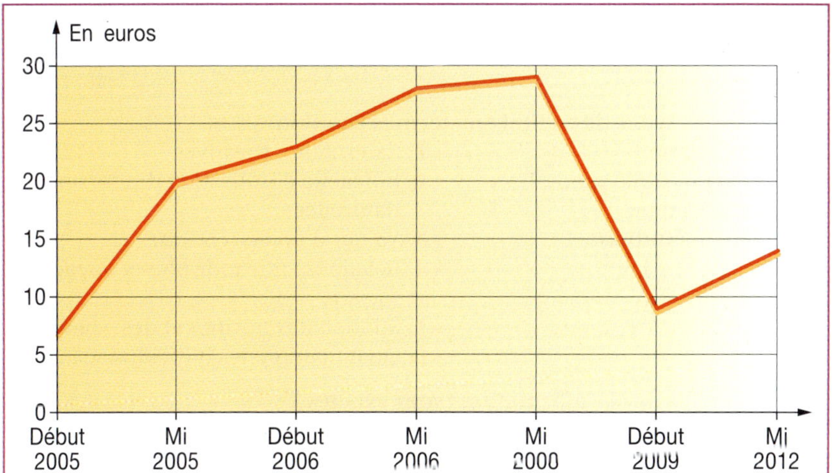

Doc. 2. Évolution du prix de la tonne de CO_2 sur les marchés européens

- Cependant, on constate depuis quelques années, avec la baisse du prix de la tonne de CO_2, que les entreprises pollueuses préfèrent acheter des quotas d'émission plutôt que de dépolluer.

EN BREF

La politique climatique passe par la gestion des biens communs et par la lutte contre la dégradation de l'environnement. Elle fait appel à l'État, mais aussi au marché.

Quiz express

Vérifiez que vous avez bien retenu les points clés des **fiches 13 à 15.**

Quels sont les fondements de l'analyse économique du développement durable ?

1 Vrai ou faux ? Cochez la bonne case.

	VRAI	FAUX
a. Le développement durable est un indicateur qui intègre la dimension écologique.	☐	☐
b. La lutte contre la pauvreté n'est pas prise en compte dans le développement durable.	☐	☐
c. Durable et soutenable sont deux termes quasiment équivalents.	☐	☐

2 Reliez les types de capital aux termes économiques.

a. Capital naturel •
b. Capital physique produit •
c. Capital humain •
d. Capital institutionnel •

• **1.** Externalités positives
• **2.** Efficacité d'utilisation des ressources naturelles
• **3.** Valeur d'un écosystème
• **4.** Relations entre individus et réseaux sociaux
• **5.** Soutien des normes et des valeurs
• **6.** Qualification des individus

3 Lesquelles de ces affirmations sont exactes ?

☐ **a.** Les quatre capitaux sont indépendants les uns des autres.
☐ **b.** Le capital naturel est facilement mesurable.
☐ **c.** Les institutions sont indispensables au développement.
☐ **d.** Le capital physique produit peut se substituer au capital humain.

Quels objectifs pour les politiques environnementales ?

4 Les termes suivants sont-ils reliés à l'hypothèse de soutenabilité faible (SF) ou à celle de soutenabilité forte (SFOR) ?

a. Équité intergénérationnelle. •
b. Gestion des ressources épuisables. •
c. Substituabilité des capitaux. •
d. Confiance en matière de développement technologique. •

• **1.** SF
• **2.** SFOR

5 Les deux approches de la soutenabilité s'opposent sur :

- ☐ **a.** La substituabilité des capitaux.
- ☐ **b.** La volonté d'assurer une croissance durable.
- ☐ **c.** L'épuisement des ressources.
- ☐ **d.** L'orientation de la croissance.

6 Lesquelles de ces affirmations sont vraies ?

- ☐ **a.** Les émissions de CO_2 sont proportionnelles à la croissance.
- ☐ **b.** La notion de capitaux naturels critiques est facilement définissable.
- ☐ **c.** L'hypothèse de soutenabilité faible présente une vision parfois trop optimiste de l'avenir.

SUJETS 13 ET 14

Quels instruments économiques pour la politique climatique ?

7 Quel est le champ d'action des politiques climatiques ?

- ☐ **a.** Les biens communs.
- ☐ **b.** La redistribution des revenus.
- ☐ **c.** Le patrimoine naturel.
- ☐ **d.** Les politiques conjoncturelles.

8 Lesquelles de ces affirmations sont exactes ?

- ☐ **a.** Les biens communs sont non rivaux et excluables.
- ☐ **b.** On ne peut pas agir sur l'épuisement des ressources naturelles.
- ☐ **c.** Les problèmes environnementaux peuvent être pris en charge par le marché.
- ☐ **d.** La réglementation n'est pas toujours efficace économiquement.

9 Qu'est-ce qui oppose État et marché en matière de développement durable ?

- ☐ **a.** Les effets externes.
- ☐ **b.** La définition d'un niveau maximal d'émission de CO_2
- ☐ **c.** L'inefficacité des politiques publiques.
- ☐ **d.** La taxation des prix des produits.

SUJETS 12 ET 14

RÉPONSES

1. a et c sont vraies. • **2.** a/1 et 3 ; b/2 ; c/4 et 6 ; d/5 • **3.** a, c et d • **4.** SF : c et d ; SFOR : a et b • **5.** a, c et d • **6.** a et c • **7.** a et c • **8.** c et d • **9.** a, c et d

SUJET 12 | Les mécanismes de marché et la politique climatique

MOBILISATION DES CONNAISSANCES

Montrez que les mécanismes de marché ne sont pas suffisants pour résoudre les problèmes climatiques.

DÉMARRONS ENSEMBLE

- Vous devez faire appel à vos connaissances de terminale mais également à celles de première, et plus particulièrement à la partie du programme qui porte sur les **défaillances du marché**.
- La notion d'**externalités** est une notion essentielle pour répondre à la question.
- Dans un premier temps, il vous faudra développer l'idée de marché de quotas d'émission. Dans un second temps, vous devrez montrer en quoi ces marchés sont insuffisants pour résoudre les problèmes climatiques bien qu'ils constituent un instrument d'action essentiel.

CORRIGÉ

CORRIGÉ RÉDIGÉ

Lors de l'épreuve, vous devrez répondre à deux questions de mobilisation des connaissances, portant chacune sur des champs différents du programme (science économique ; sociologie ; regards croisés).

[INTRODUCTION]

Pour faire face au **réchauffement climatique**, le protocole de Kyoto, signé en 1997, a fixé des objectifs de réduction des gaz à effet de serre (GES) par la création, entre autres choses, d'un marché de permis d'émission négociables.

[DÉVELOPPEMENT]

- Le **marché de permis d'émission négociables** consiste à attribuer aux entreprises et aux pays des droits d'émission, que l'on peut qualifier de droits à polluer. Ces droits permettent aux entreprises d'émettre une quantité de GES calculée par rapport à ce qu'elles ont émis au cours d'une année de référence. Si l'entreprise n'utilise pas tous ses droits, elle peut les vendre à une entreprise qui a besoin de plus de droits que ceux dont elle dispose.
- Une entreprise peut, grâce à ce marché, rentabiliser des dépenses destinées à développer des productions moins émettrices de GES, alors qu'une autre devra supporter un coût supplémentaire. Il s'agit donc d'internaliser l'externalité négative que représente la pollution. Le marché de permis d'émission négociables constitue une alternative à des mesures comme la réglementation ou la taxation.

Pour caractériser les effets externes, il faut utiliser la notion d'externalités : externalités positives et **externalités négatives**.

Ce marché de droits à polluer connaît certaines limites qui expliquent, en partie, pourquoi les objectifs du protocole de Kyoto ne seront pas atteints. Les **quotas alloués** peuvent être trop élevés, ce qui entraîne une **baisse des prix** sur le marché, l'offre devenant trop élevée par rapport à la demande. Ainsi, si le prix sur ce marché est trop peu élevé, les entreprises préféreront acquérir de nouveaux droits plutôt que d'engager des dépenses pour diminuer leur pollution.

[CONCLUSION]

Le marché de droits d'émission apparaît comme une solution pour réduire l'externalité négative que représente la pollution, mais il ne peut être qu'un instrument parmi d'autres de la **politique climatique.**

SUJET 13 | La croissance durable

ÉTUDE D'UN DOCUMENT

Après avoir présenté et analysé le document ci-dessous, répondez à la question. Une croissance durable est-elle possible ?

DOCUMENT **Évolution des émissions de CO_2 en France**

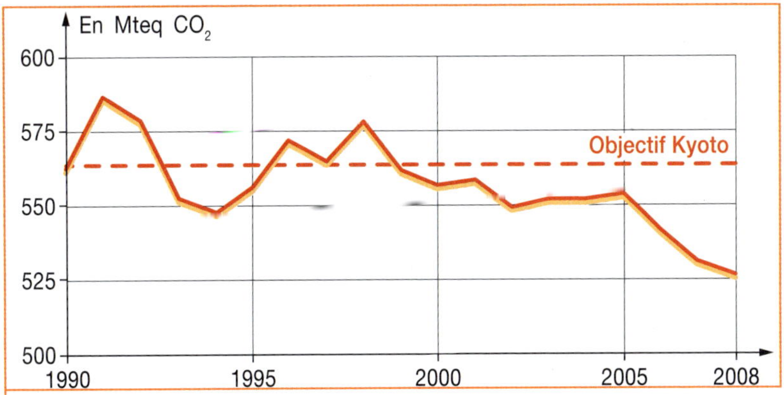

Source : ministère de l'Environnement.

DÉMARRONS ENSEMBLE

- Attention à l'énoncé de la question, qui implique de ne pas confondre croissance durable et développement durable. La **croissance durable** est une condition mesurable alors que le **développement durable** ne l'est pas.
- Vous devez répondre à la question en vous appuyant sur le document et en gardant à l'esprit qu'il implique apparemment une réponse positive.
- Le document étant relativement simple, l'**évolution de l'émission de CO_2** en France doit être mis en relation avec la notion de croissance en général puis de croissance durable plus particulièrement.

CORRIGÉ

CORRIGÉ RÉDIGÉ

[INTRODUCTION]

Selon les données du ministère de l'Environnement, l'émission de CO_2 baisse d'une manière relativement importante en France depuis la fin des années 1990.

[DÉVELOPPEMENT]

- En effet, les émissions étaient de 576 millions de tonnes équivalent CO_2 (Mteq CO_2) en 1999 et de 527 Mteq CO_2 en 2008, soit une baisse de près de 10 %. Cependant, le plus important semble que les émissions sont inférieures à celles prévues par le protocole de Kyoto.

N'oubliez pas d'indiquer **les unités des données** utilisées.

- Ainsi, l'évolution des émissions du principal gaz à effet de serre (GES) en France permet de considérer avec optimisme la **possibilité d'une croissance durable**, c'est-à-dire une croissance qui préserve l'environnement pour les générations futures.
- Si le ralentissement de la croissance constatée en 2008 favorise cette baisse, on peut constater que la tendance à la baisse est plus ancienne, ce qui traduit une certaine **décorrélation** entre la croissance du PIB et les émissions de GES.

[CONCLUSION]

Le progrès technique et le développement d'énergies renouvelables ont contribué à faire baisser les émissions de CO_2 en France. Les politiques volontaristes des pouvoirs publics ont également influencé les comportements des consommateurs et des industriels.

SUJET 14 | Croissance économique et développement durable

DISSERTATION

Comment concilier croissance économique et développement durable ?

DOCUMENT 1 Évolution des émissions mondiales de CO_2 liées à la combustion de l'énergie

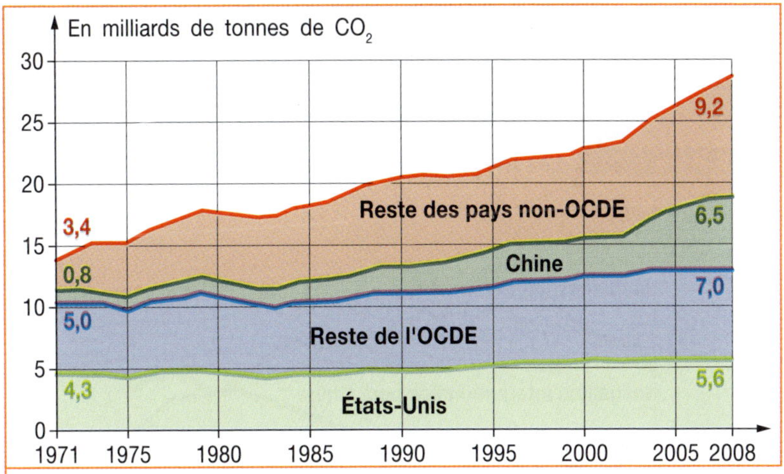

Source : Agence internationale de l'énergie.

DOCUMENT 2

Le 16 février 2005, le protocole de Kyoto est enfin entré en vigueur. Ce texte, élaboré en 1997, stipule que la quarantaine de pays industrialisés signataires doivent réduire de 5 % en moyenne leurs émissions de gaz à effet de serre d'ici 2012, par rapport aux niveaux de 1990. Ces gaz sont considérés comme les principaux responsables du réchauffement de la planète. […]

Principale conséquence de l'entrée en vigueur du protocole : les pays industrialisés qui se sont engagés à limiter leurs émissions de gaz à effet de serre ont maintenant l'obligation légale de le faire. Les contraintes diffèrent selon les pays : le Japon s'est engagé à réduire ses émissions de 6 %, la Russie à les stabiliser, l'Union européenne à les réduire de 8 %. En novembre 2001, à Marrakech, un système a été adopté afin de contraindre les signataires à respecter leurs engagements. Si les émissions d'un pays dépassent le seuil fixé sur une période, le dépassement doit être rattrapé pendant la période suivante avec une majoration de 30 %. Aucune pénalité financière n'a en revanche été prévue.

Le protocole de Kyoto prévoit également que les pays signataires peuvent échanger entre eux des montants d'émissions de CO_2. Un pays qui a fait mieux que son objectif peut ainsi revendre à un autre les tonnes de CO_2 qui lui restent. Dans chaque pays, le gouvernement peut distribuer une partie des droits d'émissions aux entreprises, qui les échangent ensuite entre elles. Une véritable « Bourse au CO_2 » va donc naître, comparable aux marchés des matières premières. Il existe déjà un marché de ce type aux États-Unis pour les émissions de SO_2 (Dioxyde de Soufre).

Marc Bertola, « Après le oui de Moscou : Kyoto c'est vraiment parti ? »,
Sciences actualités, Universcience, 23 février 2005.

DOCUMENT 3 Les inégalités dans le monde

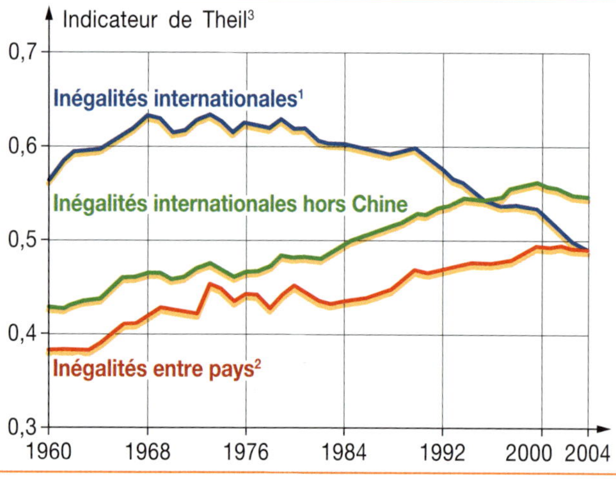

Source : I. Bensidoun et A. Chevallier, « Inégalités dans le monde : poids et mesures », *La Lettre du CEPII*, février 2005.

1. Les inégalités internationales mesurent les inégalités entre pays en accordant à chacun des pays un poids correspondant à sa part dans la population mondiale.
2. Les inégalités entre pays mesurent les écarts de PIB par tête évalués en dollars en parité de pouvoir d'achat.
3. L'indicateur de Theil est une mesure des inégalités de revenus. Lorsqu'il augmente, les inégalités sont plus importantes.

DOCUMENT 4 Recyclage et valorisation des emballages

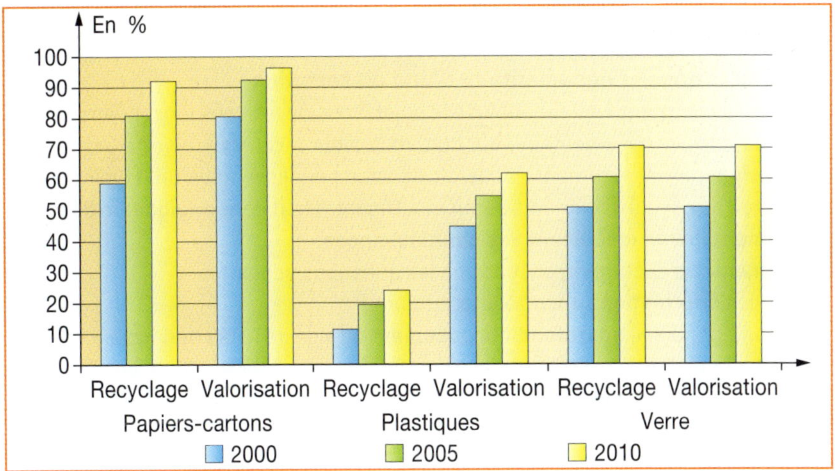

Source : Ademe, 2012.

DÉMARRONS ENSEMBLE

- Le sujet peut prêter à confusion. En effet, il serait tentant de trouver une problématique se demandant si le **développement durable** est compatible avec la **croissance économique**. Or, le sujet pose le postulat qu'il y a bien compatibilité mais que celle-ci impose certaines conditions. Dès lors, il sera inutile de discuter de certaines notions comme celle de décroissance.
- Vous devez montrer que non seulement la croissance économique n'est pas incompatible avec le développement durable mais aussi déterminer les conditions pour les rendre **compatibles**

CORRIGÉ

CORRIGÉ RÉDIGÉ

POINT MÉTHODE

Étudier le dossier documentaire d'une dissertation

- Après avoir attentivement analysé le sujet, vous devez vous lancer dans l'analyse du dossier documentaire, qui doit vous aider à construire votre argumentation. Ignorer un document risquerait de vous pénaliser, mais un devoir qui se limiterait aux seuls documents serait insuffisant. Il faut donc **analyser le dossier documentaire en mobilisant vos connaissances**.
- Pour chaque document, posez-vous les questions suivantes :
– Quelles **informations** apporte le document ?
– Comment puis-je **approfondir le document** à l'aide de mes connaissances ?
– Quels **liens** peut-on établir entre le **document** et la **problématique** du sujet ?
– Quels **liens** puis-je établir entre ce **document** et les **autres documents** ?

[INTRODUCTION]

- [AMORCE] Les rapports sur les effets désastreux du changement climatique soulèvent des débats passionnés. Cependant, un certain consensus émerge pour défendre une croissance économique compatible avec le développement durable. La question est alors de savoir comment cette compatibilité est possible.

- [DÉFINITION DES TERMES DU SUJET] La croissance économique est un **indicateur de variation des richesses** mesuré par l'augmentation du PIB réel. Le développement durable, défini par la commission Brundtland en 1987, correspond au développement qui permet de satisfaire les besoins des générations présentes sans mettre en cause la satisfaction des **besoins des générations futures**.

- [PROBLÉMATIQUE ET ANNONCE DU PLAN] La question est donc de connaître les conditions qui pourraient rendre compatibles croissance économique et développement durable. Une première réponse à la compatibilité de la croissance et du développement durable tient au **progrès technique**, mais elle sera insuffisante s'il n'existe pas une véritable **volonté politique**.

I Le progrès technique peut permettre de concilier croissance et développement durable

Depuis les années 1970, des études montrent les effets néfastes de la croissance sur l'environnement. Cependant, on peut montrer que **l'absence de croissance nuit à l'environnement** et que les progrès de la technologie peuvent permettre de nuancer les conclusions sur les effets néfastes de la croissance.

1. L'absence de croissance peut conduire à la dégradation de l'environnement

■ Depuis la Révolution industrielle, commencée au XVIIIe siècle en Grande-Bretagne, un certain nombre de pays ont utilisé d'une manière intensive leurs **ressources naturelles** (charbon, métaux précieux...), favorisant l'amélioration des conditions de vie des populations de ces pays. Cependant, cette croissance s'accompagne d'une **dégradation générale de l'état de la planète** avec la remise en cause de la biodiversité, le déboisement, la diminution de la couche d'ozone. Ainsi, les émissions mondiales de CO_2 ont été multipliées, approximativement, par trois entre 1971 et 2008 (document 1).

> Vous pouvez faire des **calculs approximatifs** à partir des données du document.

■ Cette situation est aggravée par le fait que le marché ne prend pas en compte les coûts environnementaux car ceux-ci constituent des **externalités négatives**. Cependant, on peut observer que, depuis 1971, les pays les plus développés contribuent de moins en moins à cette émission : la Chine, pays émergent, a vu ses émissions multipliées par huit (document 1). Dès lors, la problématique environnementale change de sens et elle se déplace vers celle de la pauvreté.

■ En règle générale, les **pays pauvres** sont peu responsables de certaines dégradations de l'environnement, mais leur pauvreté ne les garantit pas contre les risques écologiques. En effet, certaines dégradations ont une portée internationale comme le réchauffement climatique qui risque de toucher plus durement les pays pauvres que les pays riches. De plus, pour faire face à leurs besoins, les pays les moins développés utilisent des techniques fortement consommatrices d'eau ou d'énergie.

2. Le rôle du progrès technique

■ Le ralentissement de la croissance n'est pas un gage de développement durable. Par exemple, celui de l'Union européenne s'est accompagné d'un accroissement de la consommation énergétique. L'exemple de la Chine mais également celui d'autres pays émergents comme le Brésil montrent que la croissance reste indispensable pour assurer les besoins essentiels des générations actuelles, ce qui est une condition du développement durable. Pour assurer la satisfaction des besoins des générations futures, il faut **concilier croissance et préservation de l'environnement**.

■ Il faut donc développer, grâce au progrès technique, de nouvelles combinaisons productives moins consommatrices de ressources naturelles non renouvelables.

> Le **changement de combinaisons productives** est la définition que donne Schumpeter du progrès technique.

■ Les pays les plus riches ont des ressources qui peuvent permettre de financer des recherches afin de trouver de nouveaux procédés ou matériaux moins énergivores. Ainsi, il est possible de développer la consommation **d'énergies renouvelables**, comme l'énergie éolienne ou solaire. Cette évolution nécessite une nouvelle révolution industrielle afin de réduire l'empreinte écologique. Dans le cadre d'une conception de la durabilité faible, il est possible de substituer du **capital artificiel** et humain au **capital naturel**, préservant ainsi le niveau total de capitaux et le bien-être des populations à venir.

Si le progrès technique est un élément nécessaire pour concilier croissance et développement durable, il doit s'accompagner d'une volonté politique forte.

II La compatibilité de la croissance et du développement dépend de choix politiques

Si la pollution apparaît comme le résultat des défaillances du marché, l'État doit se substituer ou corriger les insuffisances du marché. Cette intervention de l'État implique une volonté politique des pouvoirs publics, tant au niveau international qu'au niveau national ou régional.

1. Le rôle de la solidarité entre les pays au niveau international

■ Dans le **protocole de Kyoto**, adopté en 1997, les pays signataires s'engagent à réduire les émissions de gaz à effet de serre (GES) d'environ 5 % d'ici à 2012 (document 2). Cet accord international a été obtenu dans la douleur et certains pays, comme les **États-Unis**, ne l'ont pas signé. Il prévoit également la mise en place d'un marché sur lequel peuvent s'échanger de véritables droits à polluer.

■ Le protocole marque un progrès dans la **prise de conscience** des effets d'une croissance trop gourmande en ressources non renouvelables. On peut le mesurer avec l'évolution des émissions de CO_2, qui ont ralenti dans les pays développés, même aux États-Unis qui ne sont pourtant pas signataires du protocole (document 1). Mais les difficultés pour renouveler ce protocole après 2012 montrent que la volonté politique doit s'accompagner d'une véritable action pour réduire les **inégalités** dans la distribution des richesses au niveau mondial.

■ Les **pays hors** OCDE (Organisation de coopération et de développement économiques), c'est-à-dire les pays non développés, apparaissent, aujourd'hui, comme les principaux pollueurs (document 1) alors que les inégalités internationales augmentent (document 3). Ils sont donc réticents à renouveler un accord international engageant les pays à réduire leurs émissions de GES car la croissance est une condition pour assurer la satisfaction des **besoins essentiels** des générations actuelles.

Attention, vous devez toujours donner la signification des **sigles** que vous utilisez.

Les pays riches ont une certaine responsabilité pour approfondir la **solidarité internationale**, notamment pour ce qui concerne les **droits de propriété intellectuelle** des technologies favorisant une moindre consommation des ressources naturelles. Certains savoirs ou technologies pourraient être considérés comme des « **biens universels** » dont tous pourraient profiter, aussi bien les industries des pays riches que l'artisanat des pays pauvres.

2. Les politiques publiques nécessaires au niveau européen et national

Parmi les pays les plus riches, ceux de **l'Union européenne** ont une responsabilité majeure. La « **stratégie de Lisbonne** » a permis d'engager une stratégie de développement durable visant à améliorer la qualité de l'environnement tout en renforçant la cohésion sociale et la croissance économique. Ainsi, en principe, l'Europe applique les normes environnementales parmi les plus strictes au monde afin de lutter contre le changement climatique et de préserver la biodiversité. De plus, les objectifs de protection de l'environnement sont considérés comme des moyens pour stimuler l'innovation. Mais l'effort au niveau européen doit être répercuté au niveau national.

Les pays de l'Union européenne doivent, par exemple, agir sur les **comportements des consommateurs**, notamment en ce qui concerne le **recyclage des déchets** (document 4). Ce recyclage permet, d'une part, d'éviter leur incinération afin de réduire les émissions toxiques et, d'autre part, de récupérer des composants industriels (étaux, plastique, carton…). Ainsi, outre l'économie des ressources naturelles, grâce à ce recyclage, la production industrielle s'avère moins gourmande en énergie ou en eau. De plus, le développement de l'industrie du recyclage est source de croissance et d'emplois.

[CONCLUSION]

[RÉPONSE À LA PROBLÉMATIQUE] Dans la perspective d'une durabilité faible, le progrès technique apparaît suffisant pour résoudre les problèmes du développement durable. Cependant, il est insuffisant s'il ne s'accompagne pas d'une volonté politique forte, tant au niveau international qu'au niveau régional et national.

[OUVERTURE] Depuis la crise financière de 2008, le risque est de voir les problèmes du développement durable devenir mineurs par rapport au ralentissement de la croissance économique et à la montée du chômage.

SOCIOLOGIE

Comment analyser la structure sociale ?

FICHES

BILAN

SUJETS CORRIGÉS

16 Quelles inégalités traversent la société française ?

S'il n'existe plus aujourd'hui en France de hiérarchie de droit, la société française reste marquée par de profondes inégalités qui présentent un caractère multiforme.

I Qu'est-ce qu'une inégalité ?

- Une inégalité est **une différence qui se traduit en termes d'avantages et de désavantages** et qui fonde une hiérarchie. Ainsi, si être une femme entraîne des désavantages en termes de rémunération et d'accès à l'emploi, alors cette différence constitue une inégalité.
- L'**inégalité individuelle** ne devient **inégalité sociale** que si l'infériorité ou la supériorité est partagée par des personnes aux caractéristiques sociales identiques. Pour qu'il y ait des inégalités sociales, il faut donc qu'existent des ressources socialement valorisées inégalement réparties entre individus.

II Les inégalités économiques

- Les inégalités les plus visibles sont économiques et, parmi ces inégalités, il existe des **inégalités** salariales qui, bien qu'importantes, sont les plus faibles et les plus stables.
- **En 2010, le rapport interdécile des salaires est de 2,9** : les 10 % des ménages ayant les salaires les plus élevés ont un salaire 2,9 fois supérieur à celui des 10 % des ménages ayant le plus faible salaire.

Le **salaire** est un revenu du travail perçu par un salarié, c'est-à-dire un travailleur lié par un contrat de travail (de subordination) à un employeur.

Distribution des salaires mensuels nets à temps complet en 2010								
10 % des salariés gagnent moins de	20 % des salariés gagnent moins de	30 % des salariés gagnent moins de	40 % des salariés gagnent moins de	50 % des salariés gagnent moins de	60 % des salariés gagnent moins de	70 % des salariés gagnent moins de	80 % des salariés gagnent moins de	90 % des salariés gagnent moins de
1 142 €	1 275 €	1 396 €	1 525 €	1 675 €	1 862 €	2 111 €	2 510 €	3 317 €

Source : Observatoire des inégalités.

- Les **inégalités de revenus** sont plus fortes que les inégalités salariales. En 2010, le revenu disponible des 10 % des ménages les plus modestes est 4,8 fois moins élevé que celui des 10 % les plus aisés. Le revenu disponible correspond au revenu primaire des ménages (revenu perçu en contrepartie de leur participation à l'activité économique) auquel on ajoute les revenus de transfert (revenus issus de la redistribution) et auquel on soustrait les prélèvements obligatoires (impôts et cotisations sociales).
- Les **inégalités de** patrimoine sont les inégalités économiques les plus fortes. Début 2010, les 10 % de ménages les mieux dotés en patrimoine possèdent un patrimoine 205 fois plus élevé que les 10 % les plus modestes. Ils concentrent 48 % du patrimoine total alors que les 10 % les plus modestes n'en détiennent que 0,05 %.

Le **patrimoine** est l'ensemble des avoirs et des dettes d'un agent économique à un moment donné.

III Les inégalités sociales

Si les inégalités sociales sont moins visibles, elles s'observent toutefois dans de nombreux domaines.

- Les individus sont inégaux en matière de condition de vie et plus particulièrement pour **l'accès aux soins médicaux** mais aussi **au logement**.
- Les individus sont inégaux face à **la scolarité** car le milieu social influence largement le parcours scolaire.
- Si les **pratiques culturelles** se sont largement diffusées dans la société, elles sont toujours dépendantes du niveau de vie et du diplôme. En 2009, 61 % des cadres supérieurs sont allés au théâtre ou à un concert au moins une fois dans l'année, contre 20 % des ouvriers.
- Les individus sont inégaux face au **chômage**. En 2011, le taux de chômage des non diplômés est presque trois fois plus élevé que celui des diplômés du supérieur.
- **Âge et sexe influencent la scolarité mais aussi les caractéristiques de l'emploi**. En 2011, 30,1 % des femmes occupent un emploi à temps partiel, contre 6,9 % des hommes.

EN BREF

La société française, en ce début de XXIe siècle, reste donc une société fortement inégalitaire, que les inégalités soient économiques ou sociales.

17 Quelles inégalités en Europe et dans le monde ?

Si la société française est inégalitaire, la question se pose de savoir si les inégalités observées se rencontrent également en dehors de nos frontières et si elles ont tendance ou non à se réduire.

I Les inégalités économiques

- L'**Europe** se caractérise par de fortes inégalités salariales. Ce sont en moyenne les pays du Nord et de l'Ouest de l'Europe qui présentent les salaires les plus élevés, avec des écarts conséquents : en 2013, le salaire minimum mensuel est 12 fois plus élevé au Luxembourg qu'en Roumanie.

- Si les inégalités de revenus sont plus faibles en Europe que dans la plupart des autres pays riches, on note toutefois des disparités **au sein des pays européens**. On observe les disparités de revenus entre pays en comparant les indices de Gini : en 2011, la Norvège présente les inégalités de revenus les plus faibles, tandis que c'est en Bulgarie qu'elles sont les plus fortes.

L'**indice de Gini** compare la façon dont sont répartis les revenus avec une situation théorique d'égalité parfaite. Plus il est proche de 0, plus l'égalité est importante.

Les inégalités de revenus en Europe en 2011

Pays	Indice de Gini
Norvège	0,23
France	0,31
Union européenne	0,31
Bulgarie	0,35

Source : Observatoire des inégalités.

- **Les richesses mondiales sont très inégalement réparties**. Ainsi, en 2012, 10 % de la population mondiale composée des personnes les plus riches détient 86 % des richesses mondiales. À cette même date, la moitié des individus les plus pauvres ne détient que 1 % du patrimoine mondial. Les richesses sont par ailleurs inégalement réparties selon les régions du monde. Si l'Amérique du Nord et l'Europe concentrent une part importante de ces richesses, l'Inde et l'Afrique sont écartées du partage des richesses mondiales (Doc. 1).

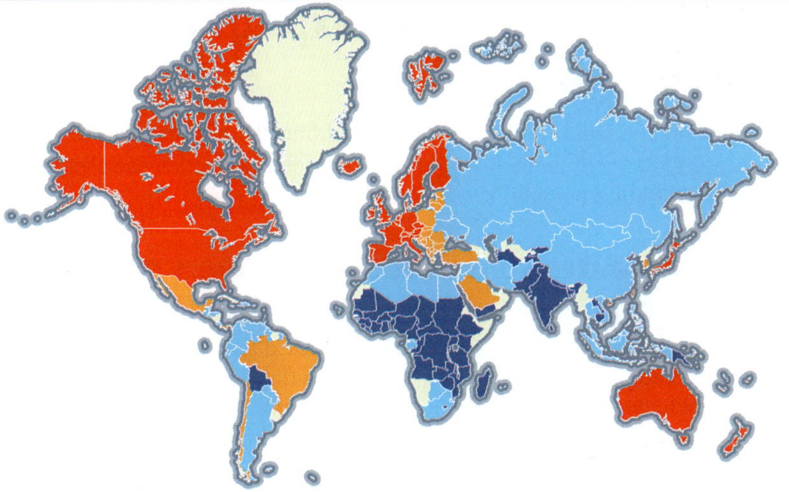

Doc. 1. La richesse par adulte dans le monde
Source : Shorrocks, Davies, Lluberas, Crédit Suisse, *Global Wealth Report*, 2010.

II Les inégalités sociales

- En **Europe**, on observe des disparités importantes entre les pays. Les inégalités d'espérance de vie révèlent des inégalités relatives au système de protection sociale et d'accès aux soins. Il existe aussi d'importantes disparités dans l'accès à l'éducation.

- Au **niveau mondial**, les disparités des conditions de vie s'observent dans de nombreux domaines comme l'éducation, l'alimentation, l'accès aux soins : 17 % de la population mondiale adulte est analphabète, 1 milliard de personnes sont sous-alimentées, 11 % de la population mondiale n'a pas accès à l'eau potable.

En Europe, c'est en France que l'**espérance de vie** pour les femmes est la plus élevée : 85,7 ans à la naissance en 2011 contre 77,8 ans en Bulgarie.

- En termes de **développement humain**, des écarts importants existent entre les pays développés et les pays les moins avancés. En 2012, on compte 48 PMA, dont 33 situés sur le continent africain.

EN BREF

Les richesses inégalement réparties en Europe et dans le monde s'accompagnent de fortes inégalités en termes de conditions de vie et de niveau de développement.

18 Comment peut-on expliquer les inégalités ?

Les inégalités qui traversent la société française s'expliquent par de nombreux facteurs et tendent à enfermer certaines catégories sociales dans un cercle vicieux d'inégalités.

I Les inégalités sont liées à des facteurs multiples qui se cumulent

- Il n'existe pas un mais des facteurs multiples d'inégalités, parmi lesquels l'**origine et l'appartenance sociale** (cadre/ouvrier par exemple) constituent un puissant facteur de discrimination et entraînent un accès inégal à l'emploi, au logement et aux loisirs. Le **parcours scolaire**, la formation des individus sont aussi des facteurs d'inégalités. Le **genre** (masculin/féminin) reste aussi un puissant facteur de discrimination alors même que l'égalité est affirmée, que ce soit dans le domaine scolaire, professionnel, familial ou politique.

- Les inégalités sont très souvent **interdépendantes** ; elles se cumulent et « font système ». Une inégalité en entraîne une autre, elles s'engendrent réciproquement en se renforçant, enfermant les individus dans un **cercle vicieux d'inégalités**.

- Les inégalités forment un **processus cumulatif** au terme duquel les privilèges s'accumulent à l'un des pôles de l'échelle sociale tandis qu'à l'autre pôle se multiplient les handicaps. Elles contribuent au maintien d'une certaine **hérédité des positions sociales** car elles tendent à se reproduire.

Doc. 2. Les inégalités, un processus cumulatif

II Des inégalités qui se concentrent sur certaines populations

1. Les inégalités hommes/femmes

- Les **inégalités de genre** illustrent le processus cumulatif. En effet, si elles se retrouvent aussi bien à l'école que dans la sphère privée, la sphère professionnelle ou dans le domaine politique, toutes ces inégalités sont interdépendantes.

- Les femmes sont ainsi peu représentées, à la fois en politique et dans les postes à responsabilité en entreprise, c'est-à-dire aux niveaux de prise de décision. Elles ont tendance à anticiper cette réalité et à planifier leur carrière de cette façon : elles s'investiront moins dans leur travail et plus dans leur famille. En conséquence, leur temps de travail domestique est plus élevé. En retour, il est peu probable que leur entreprise leur propose un poste à responsabilité, car elles ne sont pas assez disponibles. Les **inégalités professionnelles** entraînent et renforcent des **inégalités familiales** qui, à leur tour, influencent les inégalités dans la sphère du travail.

En 2012, on ne compte que 26,9 % de **femmes** à l'Assemblée nationale et 22,1 % au Sénat. En 2009, moins de deux dirigeants de société salariés sur 10 sont des femmes.

2. Les catégories sociales les plus touchées par les inégalités

- Les **jeunes** ont été plus durement touchés par la crise. Ils connaissent des difficultés plus ou moins grandes d'insertion sur le marché du travail (chômage, emplois précaires), ils sont **moins bien payés** et subissent notamment les hausses de **coût du logement** qui les pénalisent. En 2011, 22 % des actifs de moins de 24 ans sont au chômage, contre 6,3 % des 50 ans et plus, et seuls 48,8 % des jeunes salariés de moins de 25 ans sont en CDI, contre 93,6 % chez les 50 ans et plus.

- Les **immigrés** sont en général moins bien logés que l'ensemble des ménages, leurs revenus sont nettement plus faibles et ils sont davantage touchés par la pauvreté. Les **étrangers** sont par ailleurs plus exposés au **risque de chômage**.

- Les **personnes handicapées** sont confrontées à de nombreux obstacles, que ce soit face à l'emploi, à l'accès au logement ou dans l'accès à l'éducation.

EN BREF

Les inégalités sont donc largement interdépendantes et liées à des facteurs multiples qui se cumulent et se concentrent sur des populations plus fragiles.

19 Quelles théories appuient la notion de classe sociale ?

La nouvelle société apparue au XIXe siècle est une société de classes, par opposition avec la société d'ordres de l'Ancien Régime.

I Les pères fondateurs

Les **classes sociales** sont des groupes sociaux plus ou moins homogènes qui doivent leur existence à leur place dans la division du travail et qui se différencient par leurs conditions matérielles d'existence, leur style de vie et une certaine reproduction de leur position entre générations. Les classes sociales ont été d'abord analysées par **Karl Marx** et **Max Weber**.

1. La théorie marxiste des classes : une société bipolaire

- Le philosophe et historien allemand, Karl Marx (1818-1883) met en évidence l'existence de classes sociales fondée sur les rapports de production. Pour Marx, l'histoire des sociétés est l'histoire de la lutte entre une classe d'oppresseurs et une classe opprimée, ce qui permet de parler de **bipolarisation**.
- Dans le système capitaliste, la **classe dominante** (la bourgeoisie) possède les moyens de production et exploite la **classe dominée** (le prolétariat), qui ne possède que sa force de travail pour vivre. La communauté d'activité, de façon de penser et de mode de vie fait d'un groupe social une **classe en soi**. La prise de conscience par les membres qui la composent de leurs intérêts communs et la volonté d'une action commune en font une **classe pour soi**.

> Les **rapports de production** sont des rapports sociaux mis en œuvre à l'occasion de la production.

> Le **groupe social** est un ensemble de personnes ayant des caractéristiques ou des buts communs.

2. Weber et les groupes de statut

- Pour le sociologue Max Weber (1864-1920), la stratification sociale repose sur **trois ordres** différents :
  - un **ordre économique**, qui définit la situation de classe comme étant la chance pour un individu d'accéder aux richesses acquises (patrimoine) et aux biens de consommation ;
  - un **ordre social**, qui désigne une place dans une hiérarchie de prestige ;
  - un **ordre politique** : l'existence et la répartition des partis politiques donnent aux individus des avantages matériels et de prestige en fonction de leur proximité avec le pouvoir.

Weber décrit une situation de classe pluridimensionnelle, « statutaire », basée sur le mode de vie et les relations sociales. Les classes sont des **groupes de statut** indiquant la position des individus dans l'ordre social.

II Les prolongements ultérieurs

1. Warner et la stratification sociale

Le sociologue américain W. L. Warner (1898-1970) recueille par sondage les **représentations** spontanées et donc subjectives qu'ont les habitants de la division de la société en groupes sociaux ou en classes sociales. Il s'appuie sur quatre critères : la profession, le revenu, le quartier et le type d'habitation.

Ce travail lui permet de définir des strates (couches sociales) hiérarchisées qui se superposent en allant de la plus **prestigieuse** (*upper class*) à la moins prestigieuse *(lower class)*. Cette **stratification sociale** permet de mettre en évidence les différenciations sociales liées aux inégalités de richesse, de pouvoir, de savoir et de prestige.

Classes sociales en % de la pop.	Identification
Upper-upper class (1,44 %)	Aristocratie sociale, très riche
Lower-upper class (1,56 %)	Milieux supérieurs fortunés
Upper-middle class (10,22 %)	Classe moyenne aisée
Lower-middle class (23,12 %)	Petite bourgeoisie
Upper-lower class (32,6 %)	Classe inférieure « honnête »
Lower-lower class (25,2 %)	Population à statut précaire

2. Bourdieu et la dotation en capital

Le sociologue français Pierre Bourdieu (1930-2002) reprend l'analyse marxiste des classes, mais, à l'instar de Weber, il ajoute une dimension sociale. Dans l'espace social, les individus disposent en plus ou moins grande quantité d'atouts appelés capitaux : le **capital économique**, le **capital culturel** et le **capital social** → Fiche 24.

Cette dotation en capital est inégalement répartie et positionne chacun d'entre nous dans la **hiérarchie sociale**. Les classes ne disparaissent pas pour autant, en particulier aux deux extrêmes (classe bourgeoise, classe populaire).

EN BREF

L'analyse marxiste des classes a un fondement essentiellement économique et politique. Cependant, la sociologie des XIXe et XXe siècles va inclure des fondements sociologiques et permettre une analyse plus nuancée.

20 Les théories des classes sociales sont-elles encore d'actualité ?

Les transformations du capitalisme et la multiplicité des critères de différenciation sociale amènent à se poser la question de l'existence des classes sociales.

I L'évolution du capitalisme transforme la structure sociale

Plusieurs transformations du capitalisme semblent réfuter la théorie marxiste des classes.

- La **division du travail** s'approfondit et entraîne une multiplication des tâches de gestion. Le progrès technique et le besoin d'une main-d'œuvre plus qualifiée expliquent la montée des cadres (16,6 % de la population active) et des professions intermédiaires (29,4 % de la population active).
- Les mutations structurelles de l'emploi aboutissent à la tertiarisation de la population active (75 % des emplois), au **recul des effectifs ouvriers** (21,5 % des emplois) aujourd'hui dépassés par les employés (29,4 % des emplois) et à la **féminisation** des emplois.
- L'**intervention croissante de l'État** dans les affaires économiques et sociales nous éloigne du capitalisme étudié par Marx.

La **tertiarisation** est le processus par lequel les activités et les emplois de services occupent une place de plus en plus importante, aussi bien dans le PIB que dans la population active.

II La moyennisation de la société

- On appelle moyennisation de la société l'atténuation des clivages sociaux accompagnée d'un gonflement des couches sociales intermédiaires ou « moyennes ». Depuis 1945, l'**essor de catégories intermédiaires** s'accompagne d'une certaine harmonisation des consommations et des niveaux de vie et brouille les clivages habituels.
- La relative **démocratisation** de l'école améliore les chances de mobilité sociale intergénérationnelle et accélère l'effacement des frontières entre catégories sociales.
- Avec la **montée de l'individualisme**, les individus autonomisent leurs comportements vis-à vis du groupe d'appartenance.

III L'analyse de classe reste cependant pertinente

- La bourgeoisie se maintient au sens marxiste du terme : c'est une classe mobilisée, agissante, soucieuse de défendre ses intérêts. La classe ouvrière n'a pas disparu : elle compte aujourd'hui 6,4 millions d'actifs. Si on l'élargit aux classes populaires, on arrive à 51 % de la population employée.

Les **classes populaires** regroupent une grande partie des ouvriers, employés, travailleurs précaires et chômeurs. Elles se situent dans la partie inférieure de l'échelle des revenus.

- La **dynamique de réduction des inégalités sociales** qui a marqué l'après Seconde Guerre mondiale a pris fin après les Trente Glorieuses. L'évolution du marché du travail conduit à la précarisation d'une partie des emplois, alors que le chômage de masse se développe. Le partage de la valeur ajoutée se fait au détriment des salariés. Dans le tableau ci-dessous, on constate que les inégalités restent très fortes : en 2010, le patrimoine moyen du décile le plus riche est 920 fois plus élevé que celui du décile le plus pauvre.

Patrimoine moyen par décile (en euros)		
Décile	**2004**	**2010**
< au 1er décile (A)	354	1 351
Entre 1er et 2e décile	2 137	4 670
Entre 2e et 3e décile	8 357	12 955
Entre 3e et 4e décile	30 843	42 271
Entre 4e et 5e décile	76 835	115 964
Entre 5e et 6e décile	116 801	179 010
Entre 6e et 7e décile	155 295	238 312
Entre 7e et 8e décile	204 937	309 554
Entre 8e et 9e décile	298 051	441 537
> au 9e décile (B)	755 406	1 243 367
Rapport (B/A)	2 133	920

Source : Insee, enquêtes Patrimoine 2004 et 2010.

Champ : France métropolitaine pour 2004, France entière pour 2010 (nouvelle méthodologie), population des ménages.

Lecture : en 2010, les 10 % des ménages aux patrimoines les moins élevés détiennent un patrimoine moyen de 1 351 euros.

EN BREF

Depuis la fin du XIXe siècle, les catégories sociales qui structurent la société ont considérablement évolué. Cependant, une certaine identité de classe se maintient aux deux extrémités de l'échelle sociale.

21 Les catégories socioprofessionnelles sont-elles encore pertinentes ?

La nomenclature des catégories socioprofessionnelles reste aujourd'hui la référence française en matière d'analyse des catégories sociales, même si elle est remise en cause.

I La nomenclature des professions et catégories socioprofessionnelles

- La nomenclature des catégories socioprofessionnelles (CSP) a été élaborée par l'Insee au début des années 1950, puis remplacée en 1982 par la **nomenclature des professions et catégories socioprofessionnelles (PCS)**. Elle propose un classement qui découpe la société en grandes catégories liées aux professions.
- Plusieurs critères de différenciation ont été retenus : statut (indépendant ou salarié), secteur d'activité, niveau de responsabilité (place dans la hiérarchie), travail manuel/intellectuel et activité/non-activité. La **multiplication des situations professionnelles** a obligé à construire une nomenclature plus détaillée en 1982 : 24 postes et 42 catégories.

La nomenclature des professions et catégories socioprofessionnelles	
1.	Agriculteurs exploitants
2.	Artisans, commerçants, chefs d'entreprise
3.	Cadres et professions intellectuelles supérieures
4.	Professions intermédiaires
5.	Employés
6.	Ouvriers
7.	Retraités
8.	Autres personnes sans activité professionnelle

II Une nomenclature remise en cause

1. Des catégories peu homogènes ?

- La **multiplicité des critères de différenciation sociale** oblige à réfléchir sur la pertinence de la nomenclature des PCS. La diversité des groupes sociaux et la fragmentation du statut social contribuent à **brouiller les frontières** et les schémas ordinaires.

- Lorsqu'on a affaire à des regroupements importants de professions, comme par exemple la PCS2, qui va du petit artisan au dirigeant de grande entreprise, l'homogénéité des catégories socioprofessionnelles est discutable et atténue les **spécificités de chaque groupe**.
- Les **frontières entre catégories** sont parfois floues et la distinction entre contremaîtres, techniciens et ouvriers hautement qualifiés, par exemple, n'est pas toujours évidente. Il en est de même pour le classement des personnes dont la qualification individuelle, mesurée par le niveau de **diplôme**, diffère de la qualification de l'emploi occupé en cas de dévalorisation des diplômes.

2. D'autres grilles de lecture sont nécessaires

- Aujourd'hui, d'autres clivages de la société ont surgi sur la base de **critères « ethniques »** (Français/immigrés), **culturels** (religion) et **sociaux** (emploi stable/emploi précaire, jeunes/seniors, exclus…) et remettent en cause la classification en PCS. Par exemple, les statuts précaires n'apparaissent pas dans la nomenclature.

Un individu a un **statut précaire** lorsque la précarité de son emploi (emploi intérimaire, contrat à durée déterminée, stage…) l'amène à être souvent au chômage.

- Certains pays ont élaboré des classifications plus complexes, inspirées de la **classification internationale type de professions (CITP)** mise au point par le Bureau international du travail (BIT). Celle-ci accorde moins d'importance à la profession et au métier et s'appuie sur d'autres critères : niveau d'études, de responsabilité, secteurs d'activité (tertiaire) et type de travail (vente, par exemple).
- Avec la **classification SEG** (*socio-economics groups*), la Grande-Bretagne croise statut et profession, et présente l'avantage de mieux faire apparaitre le statut social au sein de la hiérarchie des professions. Elle ne distingue notamment pas employeurs et cadres dirigeants. Dans le même ordre d'idées, le niveau d'études et la qualification élevée l'emportent sur le clivage salariés/indépendants. Par exemple, le même terme (*professionals*) sert à désigner les professions libérales et les salariés à haute compétence.

EN BREF

La nomenclature des PCS tend à s'éloigner de la réalité des groupes sociaux et d'autres grilles de lecture sont nécessaires. Certains pays ont élaboré des classifications plus complexes.

Quiz express

Vérifiez que vous avez bien retenu les points clés des **fiches 16 à 21**.

Quelles inégalités traversent la société française ?

1 Lesquelles de ces affirmations sont exactes ?

- ☐ **a.** Une inégalité constitue une différence si cette inégalité procure des avantages et désavantages.
- ☐ **b.** Toutes les différences constituent des inégalités.
- ☐ **c.** Une différence constitue une inégalité si cette différence procure des avantages et désavantages.

2 Les inégalités de revenu sont :

- ☐ **a.** plus fortes que les inégalités salariales.
- ☐ **b.** moins fortes que les inégalités salariales.
- ☐ **c.** identiques aux inégalités salariales.

SUJETS 17 ET 18

Quelles inégalités en Europe et dans le monde ?

3 Les richesses mondiales sont :

- ☐ **a.** réparties de façon équitable au niveau mondial.
- ☐ **b.** concentrées sur l'Inde et l'Afrique.
- ☐ **c.** concentrées sur l'Amérique du Nord et l'Europe.

4 Les inégalités sociales sont :

- ☐ **a.** très fortes entre les pays développés et les pays les moins avancés.
- ☐ **b.** fortes entre les pays du nord de l'Europe et les anciens pays de l'Est.
- ☐ **c.** beaucoup moins fortes que les inégalités économiques au niveau mondial.

Comment peut-on expliquer les inégalités ?

5 Le processus cumulatif des inégalités signifie que :

- ☐ **a.** la reproduction des positions sociales est renforcée.
- ☐ **b.** les inégalités sont indépendantes.
- ☐ **c.** les inégalités sont interdépendantes.

SUJET 19

Quelles théories appuient la notion de classe sociale ?

6 Vrai ou faux ? Cochez la bonne case.

	VRAI	FAUX
a. Marx propose une définition sociologique des classes sociales.	☐	☐
b. Les prolétaires vivent uniquement de leur force de travail.	☐	☐
c. Classe en soi » et « classe pour soi » sont deux notions identiques.	☐	☐

7 Lesquelles de ces affirmations sont exactes ?

☐ **a.** Il y a plusieurs niveaux d'analyse des classes chez Weber.
☐ **b.** Bourdieu a prolongé la théorie de Warner.
☐ **c.** Bourdieu est opposé à l'analyse de Marx.

SUJET 15

Les théories des classes sociales sont-elles encore d'actualité ?

8 La pertinence de l'analyse de classes est remise en cause par :

☐ **a.** la tertiarisation de l'emploi.
☐ **b.** la féminisation des emplois.
☐ **c.** l'analyse de Pierre Bourdieu.
☐ **d.** la démocratisation de l'École.

Les catégories socioprofessionnelles sont-elles encore pertinentes ?

9 L'homogénéité des PCS est remise en question par :

☐ **a.** la dévalorisation des diplômes.
☐ **b.** la féminisation des emplois.
☐ **c.** les nouveaux clivages sociaux.

10 Quels termes se rattachent à la classification SEG ?

☐ **a.** metier
☐ **b.** secteur d'activité
☐ **c.** travail manuel
☐ **d.** statut social
☐ **e.** type de travail

SUJET 16

RÉPONSES

1. c • **2.** a • **3.** c • **4.** a et b • **5.** a et c • **6.** b et c sont vraies. • **7.** a • **8.** a, b et d • **9.** a et b •
10. b, d et e

SUJET 15 | La notion de classe sociale

MOBILISATION DES CONNAISSANCES

Présentez l'analyse marxiste des classes sociales.

DÉMARRONS ENSEMBLE

- Cette question vous invite à exposer l'analyse des **classes sociales** développée au XIXe siècle par Karl Marx et non à discuter de sa pertinence. Il serait par exemple hors sujet de s'interroger sur l'actualité de l'analyse marxiste des classes sociales.
- Vous devez donc vous concentrer sur le fait de bien définir les **notions clés** de cette analyse : **mode de production, antagonismes de classes, critères d'appartenance à une classe, plus-value, lutte des classes.**

CORRIGÉ

CORRIGÉ RÉDIGÉ

Lors de l'épreuve, vous devrez répondre à deux questions de mobilisation des connaissances, portant chacune sur des champs différents du programme (science économique ; sociologie ; regards croisés).

[INTRODUCTION]

La notion de classe sociale occupe une place essentielle dans l'analyse de Karl Marx puisque selon lui : « L'histoire de toute société jusqu'à nos jours, c'est l'histoire de la lutte des classes. »

[DÉVELOPPEMENT]

- Chaque mode de production se caractérise par une opposition entre classes sociales, selon Marx. L'une des spécificités du mode de production capitaliste est d'avoir simplifié les antagonismes de classes à travers un mouvement de bipolarisation de la société autour de deux classes opposées : la bourgeoisie et le prolétariat.
- L'appartenance à une classe sociale repose sur deux critères. Le premier critère, qui est objectif (classe en soi), correspond à la place occupée dans les rapports de production : la bourgeoisie possède les moyens de production tandis que le prolétariat ne possède que sa force de travail qu'il est contraint de vendre. Le second critère est subjectif (classe pour soi) : l'existence d'une classe suppose que ses membres aient une conscience de classe (reconnaissance d'intérêts communs, organisation collective).

Selon Marx, les paysans forment une **classe en soi** (conditions d'existence semblables) mais ne forment pas une **classe pour soi** (absence de conscience de classe).

■ Les rapports de production capitalistes reposent sur l'exploitation des prolétaires par la bourgeoisie, qui s'approprie la **plus-value** produite par les ouvriers ; cette plus-value représente la valeur produite par les prolétaires mais non payée par les capitalistes. Cette exploitation est au fondement de la **lutte des classes**, considérée par Marx comme le moteur du changement social.

[CONCLUSION]

Cette approche des classes sociales est qualifiée de « réaliste » dans la mesure où Marx considère que ces regroupements ont une existence réelle.

SUJET 16 | Le code des professions et catégories socioprofessionnelles

MOBILISATION DES CONNAISSANCES

Présentez les intérêts et les limites du code des professions et catégories socioprofessionnelles.

DÉMARRONS ENSEMBLE

■ En France, le code des professions et catégories socioprofessionnelles (PCS) constitue un instrument d'analyse privilégié de la **structure sociale**.
■ La question est ici explicite : vous présenterez tout d'abord les **intérêts** de ce code, puis ses **limites**.
■ Pour vous aider à mobiliser vos connaissances, demandez-vous en quoi cet outil permet de rendre compte de la structure sociale et de ses évolutions, et quels sont les « **points aveugles** » du code des PCS.

CORRIGÉ

CORRIGÉ RÉDIGÉ

Lors de l'épreuve, vous devrez répondre à deux questions de mobilisation des connaissances, portant chacune sur des champs différents du programme (science économique ; sociologie ; regards croisés).

[INTRODUCTION]

Le code des PCS a été élaboré par l'Insee en 1982 à la suite d'une profonde évolution du code des CSP, lui-même utilisé à partir du recensement de 1954.

[DÉVELOPPEMENT]

Selon l'Insee, le code des PCS vise « à classer l'ensemble de la population en un nombre restreint de catégories présentant chacune une certaine homogénéité sociale ». L'approche est multidimensionnelle puisque le code repose sur la **construction de catégories selon différents critères** : l'activité économique de l'employeur, le statut (salarié, indépendant), le niveau de qualification, la profession individuelle, la position hiérarchique, la taille de l'entreprise (pour les non salariés), la distinction entre secteur privé et secteur public. Huit groupes socioprofessionnels sont distingués : agriculteurs exploitants ; artisans, commerçants et chefs d'entreprise ; cadres et professions intellectuelles supérieures ; professions intermédiaires ; employés ; ouvriers ; retraités ; autres personnes inactives. L'homogénéité sociale des catégories permet d'étudier des pratiques sociales selon la PCS d'appartenance. Le code des PCS est donc un **instrument de description et d'analyse de la société française.**

À eux seuls, les professions intermédiaires et les employés représentent 53,3 % de la population active occupée en 2010 (**professions intermédiaires** : 24,4 % ; **employés** : 28,9 %).

Toutefois, ce code comporte aussi des limites. En effet, malgré les critères de construction retenus, certaines catégories socioprofessionnelles, comme celle des employés, restent socialement hétérogènes. Les emplois se transforment, ce qui oblige à faire évoluer la structure du code des PCS de façon régulière. Or, malgré quelques aménagements apportés en 2003, la dernière évolution importante du code date de 1982. De plus, l'instabilité de l'emploi rend l'identification par la position socioprofessionnelle moins pertinente pour rendre compte du **statut social d'un individu** et de ses pratiques sociales. Enfin, le code des PCS est un outil spécifique à la France ce qui limite les possibilités de comparaison internationale.

Depuis plusieurs années, un projet de **nomenclature socio-économique européenne** intitulée ESeC (*European Socio-economic Classification*) est à l'étude.

[CONCLUSION]

Le code des PCS est donc un outil intéressant pour comprendre la structure sociale, mais il comporte des limites qui amèneront certainement à le faire évoluer.

SUJET 17 | Le caractère multiforme des inégalités

MOBILISATION DES CONNAISSANCES

Montrez le caractère multiforme des inégalités.

DÉMARRONS ENSEMBLE

- La question vous invite à montrer que les inégalités peuvent s'observer dans **différents domaines** de la vie économique et sociale : activité professionnelle, revenus et patrimoine, pratiques culturelles, qualité de vie, santé…
- Il faut également montrer que ces inégalités « multiformes » **interagissent les unes avec les autres**.

CORRIGÉ

CORRIGÉ RÉDIGÉ

Lors de l'épreuve, vous devrez répondre à deux questions de mobilisation des connaissances, portant chacune sur des champs différents du programme (science économique ; sociologie ; regards croisés).

[INTRODUCTION]

Les inégalités sont définies comme des **différences dans l'accès à des ressources rares**. Les inégalités peuvent s'observer dans de nombreux domaines de la vie économique et sociale.

[DÉVELOPPEMENT]

- Les inégalités s'observent dans la **sphère économique**, à travers l'accès à un emploi stable, pourvoyeur de revenus permettant de consommer. L'épargne éventuelle peut être génératrice de revenus. Ainsi, les **inégalités de revenus** alimentent des **inégalités de patrimoine**, qui elles-mêmes peuvent alimenter en retour des inégalités de revenus.
- Les inégalités économiques se répercutent dans les **conditions de vie** : logement et qualité de vie, qualité des produits consommés, santé, pratiques culturelles ou de loisirs, stratégie d'orientation scolaire des enfants. Dès lors, les inégalités économiques se transforment en **inégalités sociales**.
- Ces inégalités **interagissent entre elles**, puisqu'un faible niveau de vie expose davantage à la contrainte budgétaire, limitant ainsi les possibilités de consommation et fragilisant les individus les plus exposés aux risques de la vie ; leurs enfants ne bénéficient pas des mêmes chances de réussite scolaire et professionnelle.

[CONCLUSION]

Les inégalités se cumulent. Elles interagissent entre elles et peuvent se transmettre d'une génération à une autre.

SUJET 18 | De multiples formes d'inégalités face à l'emploi

ÉTUDE D'UN DOCUMENT

À l'aide du document et de vos connaissances, répondez à la question. Peut-on dire que tous les individus sont égaux face au risque de chômage ?

DOCUMENT Taux de chômage selon le sexe, l'âge et l'origine nationale en 2006 (en %)

	Ensemble	dont 25 à 39 ans	dont 40 à 49 ans	dont 50 ans ou plus
Hommes actifs immigrés	13,7	13,1	13,5	12,7
Hommes actifs non immigrés	7,6	7,5	4,8	4,9
Ensemble des hommes actifs	**8,1**	**7,9**	**5,6**	**5,8**
Femmes actives immigrées	17,9	22,7	13,2	13,7
Femmes actives non immigrées	9,0	9,3	6,7	5,5
Ensemble des femmes actives	**9,6**	**10,3**	**7,2**	**6,2**
Ensemble de la population active immigrée	15,5	17,4	13,4	13,1
Ensemble de la population active non immigrée	8,2	8,3	5,7	5,2
Population active totale	**8,8**	**9,0**	**6,4**	**6,0**

Source : Insee, enquêtes Emploi du 1er au 4e trimestre 2006.

Note : résultats en moyenne annuelle.

Champ : France métropolitaine, individus de 15 ans et plus.

DÉMARRONS ENSEMBLE

- L'analyse de ce **tableau à double entrée** exige une démarche d'analyse rigoureuse.
- Il faut tout d'abord identifier les variables étudiées, puis comparer les **données de chaque sous-population** à celles de la **population totale** pour montrer si les variables retenues sont sources d'inégalités face à l'emploi.

CORRIGÉ

CORRIGÉ RÉDIGÉ

[INTRODUCTION]

Ce tableau, issu des enquêtes Emploi réalisées par l'Insee en France en 2006, permet d'étudier le taux de chômage (pourcentage d'actifs au chômage) selon le sexe, l'âge et l'origine nationale. Ces trois facteurs sont à l'origine de fortes inégalités face à l'emploi.

[DÉVELOPPEMENT]

Le chômage touche sensiblement plus les femmes que les hommes. Le taux de chômage de l'ensemble des hommes actifs non immigrés est de 7,6 %, contre 9 % chez les femmes actives non immigrées. Cette inégalité est encore plus nette dans la population immigrée où le taux de chômage des femmes (17,9 %) est 1,3 fois plus élevé que celui des hommes (13,7 %).

Votre capacité à exploiter des **données statistiques** est l'un des critères d'évaluation de l'étude d'un document.

L'âge est un autre facteur d'inégalité face à l'emploi en France. Dans l'ensemble de la population active totale, 9 % des jeunes actifs de 25 à 39 ans étaient au chômage en 2006, contre 6 % des 40 à 49 ans (notons que ce tableau ne rend pas compte du taux de chômage des 18 à 25 ans qui est beaucoup plus élevé que celui des 25-39 ans). De façon générale, le chômage décroît à mesure que l'âge augmente. Cette inégalité face à l'emploi selon l'âge s'observe pour les femmes comme pour les hommes. Toutefois, à la différence des femmes, les hommes âgés de plus de 50 ans ont un taux de chômage légèrement plus élevé que celui des hommes âgés de 40 à 49 ans (respectivement 5,8 % et 5,6 %).

Enfin, ce document montre une autre **inégalité importante en matière de chômage selon l'origine nationale**. En 2006, le taux de chômage des immigrés (15,5 %) était dans l'ensemble supérieur de 7,3 points à celui des non immigrés (8,2 %). Cette inégalité se vérifie pour les hommes et les femmes et quel que soit l'âge. Elle culmine chez les hommes actifs âgés de 40 à 49 ans pour lesquels le taux de chômage des immigrés (13,5 %) est 2,8 fois plus élevé que celui des non immigrés (4,8 %).

[CONCLUSION]

De profondes inégalités face à l'emploi existent donc selon l'**âge**, le **sexe** et le **statut d'immigré**. Elles s'expliquent par des différences dans la structure des emplois selon le sexe et l'origine nationale. En effet, les femmes et les immigrés sont surreprésentés parmi les **emplois peu qualifiés** (employés pour les femmes, ouvriers pour les immigrés), particulièrement vulnérables au chômage. Toutefois, ces trois variables ont leur effet propre puisqu'à catégories socioprofessionnelles identiques on retrouve des inégalités dans l'accès à l'emploi selon le sexe et l'origine nationale. Le sexe, l'âge et l'origine nationale sont donc bien des **facteurs discriminants** dans l'accès à l'emploi.

SUJET 19 | Le caractère cumulatif des inégalités

| RAISONNEMENT |

À l'aide du dossier documentaire et de vos connaissances, montrez que les inégalités économiques et sociales ont un caractère cumulatif.

DOCUMENT 1 Inégalités d'insertion professionnelle en 2007 pour quelques sortants du système scolaire en 2004, selon le diplôme

	Taux de chômage (en %)		Salaire médian pour un équivalent temps plein (en euros par mois)	
	Hommes	Femmes	Hommes	Femmes
Ensemble	**14**	**15**	**1 400**	**1 340**
Non diplômé	29	38	1 200	1 140
Bac général	15	14	1 350	1 210
Bac+2	7	7	1 500	1 410
DESS[1], DEA[2], Master 2	5	7	2 000	1 700
École de commerce et d'ingénieurs	2	7	2 250	2 110
Doctorat	8	7	2 170	2 200

Source : Céreq, *Enquête Génération* 2004.

Champ : ensemble des jeunes sortis du système éducatif en 2004 (737 000 individus).

1. DESS : diplôme d'études supérieures spécialisées (Bac + 5)
2. DEA : diplôme d'études approfondies (Bac + 5)

DOCUMENT 2

Tout d'abord les inégalités de revenus conduisent à des inégalités plus importantes en termes d'épargne. L'épargne est en effet un luxe, au sens de la théorie microéconomique du consommateur : le taux d'épargne augmente avec le revenu. Il passe de 5 % environ pour les employés et ouvriers à 20 % environ pour les cadres. Plus précisément, l'élasticité de l'épargne par rapport au revenu a été estimée à 1,4. [...]

Les écarts de richesses sont encore amplifiés par les performances différenciées des placements : les placements financiers des plus riches, orientés vers les actions, rapportent plus sur le long terme que les placements des petits épargnants, tournés vers les livrets et autres liquidités.

Par ailleurs, à âge et à revenu égal, la dispersion des richesses reste élevée compte tenu de l'histoire personnelle de chacun. De multiples facteurs interviennent : le patrimoine transmis (héritages, donations, aides de la famille) ; le statut professionnel (les travailleurs indépendants possèdent plus de patrimoine que les salariés) [...].

Jean-Michel Hourriez, « Les inégalités de revenus et de patrimoine », *Les Cahiers français*, n° 314, mai-juin 2003.

DOCUMENT 3

Inégalités entre enfants devant la formation initiale : plus du tiers des enfants appartenant aux 20 % des familles les plus pauvres redoublent dans le primaire, soit un taux d'échec trois fois plus élevé que celui des enfants des 20 % de familles les plus riches. Plus tard, au collège, deux tiers des adolescents des familles parmi les 20 % les plus pauvres sont en échec scolaire contre une toute petite minorité des adolescents des 20 % de familles les plus riches. Au fil de la scolarité et dès le plus jeune âge, des inégalités considérables se creusent ainsi entre les enfants les plus pauvres et les autres. Point clef, une grande partie des difficultés des enfants des familles pauvres trouvent leur origine dans les mauvaises conditions de logement et la ségrégation urbaine dont ils souffrent. Aujourd'hui encore, un adolescent sur cinq vit dans un logement surpeuplé (au moins 2 enfants par chambre) et le surpeuplement – à origine sociale égale – augmente d'environ 50 % le risque d'échec à l'école.

Éric Maurin, « Les métamorphoses du salariat », *Sciences humaines*, n° 136, mars 2003.

DÉMARRONS ENSEMBLE

- Vous devez, dans un premier temps, définir la **notion d'inégalités économiques et sociales**. Dans un second temps, vous mettrez en évidence l'aspect cumulatif des inégalités en expliquant par quels **mécanismes** les inégalités s'auto-entretiennent.
- L'**analyse des documents** permet de montrer que les inégalités économiques et sociales sont effectivement liées entre elles. Par exemple, le document 1 indique une relation entre le niveau de diplôme et l'insertion professionnelle.

CORRIGÉ

CORRIGÉ RÉDIGÉ

POINT MÉTHODE

Rédiger votre devoir

- La forme rejoint ici le fond. La clarté et la cohérence de votre argumentation doivent s'illustrer par la **clarté** et la **rigueur** de votre expression écrite. Un devoir mal présenté, une écriture peu lisible, des fautes d'orthographe à répétition donnent une mauvaise impression au correcteur et orientent négativement son évaluation.
- Pour rédiger votre devoir, vous devez donc respecter quelques **règles simples** :

– soignez l'orthographe et surveillez la ponctuation ;
– faites des phrases courtes [une idée par phrase] ;
– structurez votre argumentation en utilisant à bon escient des connecteurs logiques : premièrement, deuxièmement ; d'une part, d'autre part ; en outre, etc. ;
– soignez la présentation et la qualité de votre écriture ;
– n'oubliez pas de vous relire.

[INTRODUCTION]

Les inégalités se définissent par un accès inégal des individus ou des groupes à certaines ressources socialement valorisées. Il existe donc de **multiples formes d'inégalités** (économiques, sociales, culturelles, etc.) qu'il est difficile de dissocier. Les inégalités spécifiquement économiques traduisent un partage inéquitable des richesses et correspondent à toutes les différences de revenus et de patrimoine entre individus ou entre groupes sociaux. Il existe un **processus cumulatif** entre toutes les formes d'inégalités : les inégalités économiques s'entretiennent entre elles et alimentent les inégalités sociales (que nous comprenons ici au sens large, c'est-à-dire l'ensemble des inégalités, qu'elles soient culturelles, politiques, etc.) qui, en retour, renforcent les inégalités économiques.

I Les inégalités économiques s'auto-alimentent

- Plusieurs mécanismes expliquent cette situation. Les **inégalités en termes de revenu** sont à l'origine des **inégalités d'épargne** (fraction du revenu non consommée). Plus les revenus augmentent et plus les ménages répondent facilement à leurs besoins de consommation : ils ont donc une plus grande propension moyenne à épargner (rapport entre le montant de l'épargne et le montant du revenu). En conséquence, l'**épargne** des agents économiques progresse plus vite que leurs **revenus** lorsque ceux-ci augmentent. Cela signifie que l'élasticité (ou la sensibilité) de l'épargne par rapport au revenu (qui se mesure par le rapport entre la variation relative de l'épargne et celle du revenu) est forte (document 2).

La notion d'**élasticité** fait partie des savoir-faire applicables aux données statistiques que vous devez savoir lire et interpréter.

■ Ces mécanismes font que les inégalités de revenu engendrent des inégalités d'épargne encore plus grandes. Ce phénomène est renforcé par le fait que la **rémunération de l'épargne** a, dans l'ensemble, augmenté plus vite que les revenus du travail (ou salaires) grâce à une fiscalité plus faible et à la mise en œuvre de **politiques économiques plus favorables aux revenus du capital** qu'aux revenus du travail.

■ En outre, les **placements financiers** des agents économiques les plus riches, souvent mieux informés et maîtrisant plus complètement les logiques financières, sont plus rémunérateurs que ceux effectués par les catégories les plus pauvres. Ces enchaînements permettent ainsi de montrer comment les inégalités économiques s'auto-entretiennent.

II Les inégalités économiques entraînent des inégalités sociales

■ Mais les inégalités économiques ont également un effet sur les autres formes d'**inégalités sociales**. Par exemple, elles introduisent des différences importantes dans la **réussite scolaire** (document 3). Plus les revenus des parents sont élevés et plus les risques de redoublement voire d'échec scolaire sont faibles. Le revenu des parents peut en effet agir de différentes façons sur les résultats scolaires des enfants. De fait, les conditions matérielles d'existence (taille du logement en fonction du nombre d'occupants, moyens de déplacement, etc.) placent l'enfant dans des dispositions plus ou moins propices à la réussite scolaire. Le suivi de cours de soutien individuel, les possibilités d'achat de documentation, l'équipement du ménage en informatique représentent des atouts non négligeables dans la scolarité d'un élève.

■ En outre, les inégalités de revenu participent à la structuration de l'espace urbain. Les ménages les plus pauvres sont le plus souvent relégués dans des zones marginalisées (banlieues), alors que le centre-ville ou les quartiers résidentiels restent réservés aux groupes économiquement favorisés. Les ressources financières définissent donc des modes de vie plus ou moins favorables et placent l'enfant dans des conditions propices ou non à la réussite scolaire.

III Les inégalités économiques et sociales se cumulent et s'auto-entretiennent

Dans le même temps, les inégalités d'accès à l'école renforcent les inégalités économiques et sociales, comme celles liées au niveau de revenu et à **l'insertion professionnelle**. On observe ainsi que la rémunération s'accroît avec le niveau de diplôme, pour les femmes comme pour les hommes : le **salaire médian** (niveau de salaire tel que la moitié de la population gagne plus et la moitié gagne moins) des hommes (sortis du système éducatif en 2004) titulaires d'un diplôme d'une école de commerce ou d'ingénieurs est plus de 1,8 fois plus élevé que celui d'un homme non diplômé (document 1).

Par ailleurs, il apparaît que le **taux de chômage** (pourcentage de chômeurs parmi l'ensemble des actifs) décroît lorsque le niveau de diplôme augmente. Par exemple, chez les hommes, 29 % des hommes non diplômés sont au chômage, contre seulement 7 % pour les titulaires d'un bac + 2.

[CONCLUSION]

Multiformes, les **inégalités économiques et sociales** sont donc également **cumulatives**. Ceci implique la mise en œuvre de **politiques volontaristes** globales de la part des pouvoirs publics. Mais la lutte contre les inégalités nécessite plus fondamentalement un débat sur les modalités du partage des richesses entre les groupes sociaux.

Comment rendre compte de la mobilité sociale ?

FICHES

BILAN

SUJETS CORRIGÉS

22 Qu'est-ce que la mobilité sociale ?

La mobilité sociale est un enjeu des sociétés démocratiques dont il faut évaluer l'évolution, les formes et les limites.

I Les différentes formes de mobilité sociale

- La mobilité sociale désigne un **changement fonctionnel** dans la position sociale d'un individu (**mobilité individuelle**) ou d'un groupe (**mobilité collective**). Elle se mesure habituellement à partir de l'appartenance à une catégorie socioprofessionnelle.

Le **groupe d'appartenance** est celui dont l'individu est membre objectivement. Le **groupe de référence** est celui auquel l'individu emprunte ses normes, ses valeurs, auquel il désire ou croit appartenir.

- La mobilité sociale peut prendre différentes formes :
  - la **mobilité intergénérationnelle** compare les catégories socioprofessionnelles respectives des pères et des fils aux mêmes âges ;
  - la **mobilité intragénérationnelle** cherche à comparer la position sociale d'une personne à différents âges (mobilité personnelle) ;
  - la **mobilité géographique** (ou spatiale) concerne le changement d'un lieu de résidence à un autre (mobilité résidentielle) ou d'un lieu de travail à un autre (mobilité dans l'emploi). Elle n'est pas en soi un type de mobilité sociale, mais elle y est souvent associée car la migration est souvent accompagnée d'un changement de statut social (profession, revenu...).

- La mobilité sociale est dite **ascendante** lorsqu'elle entraîne une majorité de changement de PCS dans le sens d'une élévation de revenus, de qualifications et de responsabilités.

II Mobilité nette et fluidité sociale

Ce sont deux indicateurs essentiels de la mobilité sociale.

- Une partie des mouvements ascendants et descendants entre générations est liée à des changements extérieurs aux individus. Il s'agit de la **mobilité structurelle** : proportion d'actifs qui doivent occuper une position sociale différente de celle de leurs parents par suite du **changement de la structure des emplois** intervenue entre les deux générations. Il y a aujourd'hui plus de cadres et moins d'agriculteurs qu'il y a 40 ans.

- La **mobilité nette** est celle qui reste une fois prise en compte la mobilité structurelle. Elle est « pure » car indépendante de la structure sociale. On la calcule en faisant la différence entre mobilité brute (ou observée) et mobilité structurelle.

- La **fluidité sociale** mesure la mobilité d'une catégorie par rapport à une autre. Si, sur 100 fils de cadres, 80 deviennent cadres et 20 employés, alors que pour 100 fils d'employés, 75 deviennent employés et 25 cadres, on peut calculer le **rapport de chances relatives** (fluidité) pour devenir cadre. Il sera de (80/20)/(25/75) = 12. Les chances de devenir cadre plutôt qu'employé sont 12 fois plus élevées pour les fils de cadres que pour les fils d'employés. Depuis les années 1950, ce rapport a tendance à baisser entre les catégories : la fluidité est donc plus importante.
- L'évolution de la mobilité nette n'est plus considérée comme le meilleur indicateur de l'**évolution de l'égalité des chances**. On préfère aujourd'hui utiliser l'indicateur de **fluidité sociale**.

III Importance et limites de la mobilité sociale

- Les sociétés démocratiques peuvent évaluer la réalité et l'efficacité de l'égalité des chances à l'importance de la mobilité sociale. Elle révèle donc un **enjeu politique**.

> On parle d'**égalité des chances** lorsque les chances d'accéder à une position sociale sont indépendantes de l'origine sociale.

- Les données sur la mobilité sociale intergénérationnelle comportent des **lacunes** :

– les dernières remontent à **2003**, la prochaine enquête étant prévue en 2014 ;
– l'Insee étudie uniquement la mobilité des **hommes de 40 à 59 ans** : les femmes sont écartées du fait de la forte hausse de leur taux d'activité professionnelle (les comparaisons entre générations sont difficiles) ;
– les études de mobilité ne reflètent pas toujours le **ressenti** des individus lié au contexte dans lequel vit chaque génération. Un fils d'instituteur, lui-même instituteur, n'a pas la même position sociale que son père du fait d'un déclassement de cette profession au fil du temps → Fiche 23.

EN BREF
La mobilité sociale présente de multiples formes. Elle est le reflet d'un idéal démocratique d'égalité des chances.

23 Comment mettre en évidence les flux de mobilité sociale ?

Les tables de mobilité intergénérationnelle rendent compte du degré d'inégalité (ou d'égalité) des chances dans une société.

I Lire une table de destinée

■ Les tables de destinée permettent de savoir ce que sont devenus les fils des membres d'un groupe socioprofessionnel.

	Table de destinée des hommes						
	CSP du fils en 2003						
CSP du père	Agriculteur	Artisan	Cadre	PI	Employé	Ouvrier	**Ensemble**
Agriculteur	22 %	6 %	9 %	17 %	9 %	37 %	**100 %**
Artisan	1 %	21 %	22 %	24 %	9 %	24 %	**100 %**
Cadre	0 %	6 %	53 %	26 %	6 %	9 %	**100 %**
Profession intermédiaire	0 %	8 %	33 %	33 %	9 %	17 %	**100 %**
Employé	0 %	7 %	22 %	28 %	17 %	26 %	**100 %**
Ouvrier	1 %	8 %	10 %	23 %	13 %	46 %	**100 %**
Ensemble	**4 %**	**9 %**	**19 %**	**24 %**	**11 %**	**34 %**	**100 %**

Source : Insee, *Données sociales*, 2006.

■ La reproduction sociale se lit sur la diagonale du tableau. Par exemple, 46 % des fils d'ouvriers sont ouvriers. L'Insee estime le taux global de reproduction sociale à 35 %. La mobilité verticale **ascendante** se lit à gauche de la diagonale et la mobilité **descendante**, à droite. Les taux les plus importants sont situés près de la diagonale, ce qui montre que la plupart des trajets de mobilité sont des trajets courts : on parle alors de **mobilité de proximité**.

Ce **taux** est égal au nombre de fils occupant la même position que leur père que divise le nombre total de fils de 40 à 59 ans.

II Lire une table de recrutement

Les tables de recrutement permettent de connaître l'**origine sociale** des membres d'un groupe socioprofessionnel. La table de recrutement de 2003 se lit par colonne de la manière suivante : 88 % des agriculteurs sont fils d'agriculteurs et 11 % des cadres sont fils d'employés.

	Table de recrutement des hommes						
	CSP du fils en 2003						
CSP du père	Agriculteur	Artisan	Cadre	PI	Employé	Ouvrier	**Ensemble**
Agriculteur	88 %	12 %	8 %	11 %	13 %	18 %	16 %
Artisan	2 %	29 %	14 %	12 %	10 %	9 %	12 %
Cadre	1 %	6 %	24 %	9 %	5 %	2 %	8 %
Profession intermédiaire	1 %	10 %	20 %	16 %	9 %	6 %	11 %
Employé	1 %	7 %	11 %	11 %	14 %	7 %	9 %
Ouvrier	7 %	36 %	23 %	41 %	49 %	58 %	43 %
Ensemble	100 %	100 %	100 %	100 %	100 %	100 %	100 %

Source : Insee, *Données sociales*, 2006.

III Ce que montrent les tables de mobilité

1. Comparaison des tables de recrutement et de destinée

- En comparant les résultats des deux tables, catégorie par catégorie, on constate que **la structure sociale s'est « ouverte par le haut »** car les professions du haut de l'échelle sociale attirent plus de monde : 24 % des cadres sont fils de cadres (recrutement), mais 53 % des fils de cadres sont cadres (destinée). Il y a donc plus de cadres à la génération des fils.
- Il y a donc eu **mobilité structurelle** : les fils d'agriculteurs ne pouvaient pas tous rester agriculteurs et les fils de cadres occuper tous les emplois de cadres.

2. Une tendance au déclassement

- Selon l'Insee, le rapport ascendants sur descendants est de 2 pour les personnes nées entre 1944 et 1948. Toutes catégories confondues, un fils a deux fois plus de **chances de monter dans l'échelle sociale** (par rapport à son père) que d'en descendre. Le rapport n'est plus que de 1,5 entre 1964 et 1968.
- Ce **déclassement** s'explique par le ralentissement de la mobilité structurelle ascendante, alors que le chômage et la croissance faible rendent plus difficile l'accès aux emplois qualifiés. Les générations diplômées sont aussi de plus en plus nombreuses et il leur est plus difficile de dépasser la position sociale de leurs parents.

EN BREF

Les flux de mobilité ascendante restent plus importants que ceux de mobilité descendante, mais le rapport entre les deux flux se dégrade depuis quelques années.

24 Qu'est-ce qui détermine la mobilité et la reproduction sociale ?

Si la mobilité ascendante a été importante après 1945, la progression de l'égalité des chances reste cependant limitée aujourd'hui en France.

I Mobilité structurelle et démocratisation de l'école

La progression de l'égalité des chances s'explique par le rôle de la mobilité structurelle et de l'école.

- Depuis la période de croissance des Trente Glorieuses (1945-1973), les **offres d'emploi de cadres et professions intermédiaires** se sont accrues (15,7 % de la population active en 1962, contre 41 % en 2011). Ainsi, les fils de milieux populaires ont pu accéder aux professions d'encadrement : en 2008, 32 % des enfants d'ouvriers étaient cadres, contre 13 % en 1982.
- La **massification de l'accès à l'éducation** et à l'enseignement supérieur en France, en particulier après 1945, a joué un rôle dans la progression de l'égalité des chances.
- La **démocratisation de l'école** a permis de répondre aux besoins structurels de l'économie, à savoir plus de main-d'œuvre qualifiée et diplômée (ingénieurs, techniciens, cadres administratifs et commerciaux, etc.). C'est un phénomène à la fois quantitatif (augmentation du pourcentage d'une génération ayant obtenu le baccalauréat) et qualitatif (la réussite scolaire est moins dépendante de l'origine sociale).

Pourcentage d'une génération ayant obtenu le baccalauréat en 1990, 2000 et 2011

Année	Bac général	Bac technologique	Bac professionnel	Ensemble
1990	27,9 %	12,8 %	2,8 %	43,5 %
2000	32,9 %	18,5 %	11,4 %	62,8 %
2011	36,3 %	16,2 %	19,1 %	71,6 %

Source : Insee.

II L'école reproduit les positions sociales

- Les chances d'accès à des diplômes secondaires et supérieurs restent très inégales en fonction de l'origine sociale. Un seul exemple : en 2011, 50,9 % des étudiants incrits en classe préparatoire des grandes écoles (CPGE) ont des parents cadres ou exerçant une profession libérale.

■ Selon Pierre Bourdieu, **l'école reproduit les structures sociales**. Le volume de capital culturel que les parents transmettent aux enfants est un déterminant essentiel de la réussite scolaire. Le capital social constitue un atout supplémentaire car les parents peuvent activer leurs réseaux sociaux pour favoriser un meilleur choix d'orientation et aider leurs enfants dans leur recherche d'emploi à l'issue de leurs études.

Le **capital culturel** est l'ensemble des ressources mobilisées par la famille en matière culturelle.

■ Selon Raymond Boudon, les **stratégies familiales** ont un rôle important dans la persistance des inégalités scolaires. Dans les familles modestes, le coût de la scolarité est élevé, alors qu'elles ne perçoivent pas toujours les avantages d'un supplément de scolarité. Elles limitent donc la durée d'études. Les familles aisées ne sont pas freinées par le coût de la scolarité et favorisent les études longues pour maintenir le niveau social familial. Il y a donc un **choix stratégique coûts/avantages**.

Le **capital social** est l'ensemble des ressources mobilisées par la famille en matière sociale.

III L'école n'est pas le seul facteur de mobilité sociale

■ En 1961, le sociologue américain Charles Anderson a montré qu'un fils peut avoir un niveau de diplôme supérieur à son père, sans pour autant occuper une position sociale supérieure. C'est le **paradoxe d'Anderson**. Le diplôme ne suffit plus à expliquer la mobilité sociale : 47 % des fils ayant un diplôme plus élevé que celui de leur père ont un statut égal ou inférieur à lui.

■ Cette dévalorisation des diplômes sur le marché du travail s'explique par le décalage entre la **croissance du nombre de diplômés** et l'augmentation plus faible du nombre d'emplois correspondant à ce niveau de qualification. Elle est source de déclassement.

■ À diplôme égal, les jeunes issus de milieux aisés bénéficient en général d'une position sociale plus élevée que ceux issus des classes populaires. Les diplômés d'origine modeste ne disposent pas du capital social permettant d'accéder à des emplois supérieurs. C'est l'**effet de dominance**.

EN BREF

La démocratisation de l'école a accru la mobilité ascendante, mais la progression de l'égalité des chances reste limitée car la réussite scolaire et l'accès à un emploi qualifié restent inégaux selon les milieux sociaux.

Quiz express

Vérifiez que vous avez bien retenu les points clés des **fiches 22 à 24**.

Qu'est-ce que la mobilité sociale ?

1 On appelle mobilité sociale :

- ☐ **a.** le changement d'un lieu de résidence à un autre.
- ☐ **b.** un changement fonctionnel dans la position sociale d'un individu.
- ☐ **c.** la migration d'un pays à un autre.

2 Vrai ou faux ? Cochez la bonne case.

	VRAI	FAUX
a. Mobilité nette et mobilité structurelle sont équivalentes.	☐	☐
b. La mobilité intergénérationnelle permet d'évaluer les changements de position sociale d'un individu.	☐	☐
c. La mobilité sociale est un outil de mesure de l'égalité des chances.	☐	☐

3 Quelles sont les affirmations vraies ?

- ☐ **a.** La mobilité structurelle intervient comme un élément extérieur.
- ☐ **b.** Mobilité pure et nette ne signifient pas la même chose.
- ☐ **c.** La fluidité est un rapport de chances relatives.
- ☐ **d.** La fluidité se dégrade depuis 1953.

SUJETS 21 ET 22

Comment mettre en évidence les flux de mobilité sociale ?

4 Lesquelles de ces affirmations sont vraies ?

- ☐ **a.** La reproduction sociale se situe sur la diagonale des tables de destinée.
- ☐ **b.** Les tables de recrutement exposent le devenir des fils de 40 à 59 ans.
- ☐ **c.** La mobilité verticale est plus ascendante que descendante.
- ☐ **d.** Trajets courts et mobilité de proximité signifient la même chose.

5 La comparaison table de destinée/table de recrutement apporte des informations sur :

- ☐ **a.** le devenir des enfants de cadre.
- ☐ **b.** la mise en évidence de la mobilité structurelle.
- ☐ **c.** l'ouverture de la structure sociale.

6 Quelles affirmations chiffrées sont exactes en 2003 ?

- ☐ **a.** 22 % des fils d'agriculteurs sont agriculteurs.
- ☐ **b.** 46 % des fils d'ouvriers sont ouvriers.

☐ **c.** 33 % des fils de professions intermédiaires sont employés.
☐ **d.** 24 % des cadres sont fils de cadres.
☐ **e.** 26 % des ouvriers sont fils d'employés.

7 Quelles notions sont liées à l'amélioration de l'égalité des chances ?

☐ **a.** La mobilité verticale ascendante
☐ **b.** La reproduction sociale
c. La mobilité horizontale
☐ **d.** Le déclassement
☐ **e.** L'augmentation du nombre de cadres

SUJETS 20 ET 22

Qu'est-ce qui détermine la mobilité et la reproduction sociale ?

8 La mobilité ascendante est favorisée par :

☐ **a.** la démocratisation de l'école.
☐ **b.** la mobilité nette.
☐ **c.** la montée des cadres.
☐ **d.** le paradoxe d'Anderson.

9 On appelle stratégie familiale :

☐ **a.** une volonté des familles de voir leur enfant réussir.
☐ **b.** un calcul coûts/avantages en matière de scolarité des enfants.
☐ **c.** une tendance à la reproduction sociale.

10 Vrai ou faux ? Cochez la bonne case.

	VRAI	FAUX
a. La mobilité structurelle n'explique pas l'amélioration de l'égalité des chances.	☐	☐
b. Les chances de réussite scolaire sont inégales selon les milieux sociaux.	☐	☐
c. Les réseaux de relations sont un atout important dans la mobilité ascendante intergénérationnelle.	☐	☐

11 Lesquelles de ces affirmations sont vraies ?

☐ **a.** Démocratisation de l'école et massification scolaire sont équivalentes.
☐ **b.** L'effet de dominance est lié à la scolarité.
☐ **c.** Le paradoxe d'Anderson limite le rôle de l'école dans la mobilité sociale.

12 Reliez les notions ci-dessous aux noms des sociologues.

a. Les stratégies familiales •
b. Le capital social •
c. Le paradoxe des diplômes •
d. La stratégie avantages/coûts •

• **1.** Anderson
• **2.** Bourdieu
• **3.** Boudon

SUJETS 20 ET 22

RÉPONSES

1. b • **2.** Seule c est vraie. • **3.** a et c sont vraies. • **4.** a, c et d • **5.** b • **6.** c et e sont fausses. • **7.** a et d • **8.** a et c • **9.** b • **10.** Seule a est fausse. • **11.** a et c • **12.** a/3 ; b/2 ; c/1 ; d/3

SUJET 20 | La fluidité sociale

MOBILISATION DES CONNAISSANCES

Distinguez la mobilité observée de la fluidité sociale.

DÉMARRONS ENSEMBLE

Il s'agit de distinguer **deux façons de mesurer** la mobilité sociale : celle que l'on observe grâce aux tables de mobilité intergénérationnelle (la mobilité sociale observée) et une mobilité relative, la fluidité sociale.

CORRIGÉ

CORRIGÉ RÉDIGÉ

Lors de l'épreuve, vous devrez répondre à deux questions de mobilisation des connaissances, portant chacune sur des champs différents du programme (science économique ; sociologie ; regards croisés).

[INTRODUCTION]

La mobilité sociale est une caractéristique essentielle des sociétés démocratiques. Cependant, la mobilité telle qu'elle peut être observée est sujette à des critiques, d'où la nécessité d'étudier la fluidité sociale.

[DÉVELOPPEMENT]

- La **mobilité sociale observée** d'une génération à une autre correspond à l'ensemble des changements de position sociale des individus en fonction de leur origine sociale. On peut mesurer la mobilité sociale observée grâce aux **tables de mobilité**, qui comparent l'appartenance sociale entre deux générations d'hommes. On distingue la table des destinées (position du fils en fonction de celle du père) de la table des recrutements (position du père en fonction de celle du fils).

Vous devez distinguer les **deux types** de table de mobilité.

- La **mobilité observée** dépend en partie de l'évolution de la structure sociale d'une génération à l'autre. Pour mesurer **l'égalité des chances** d'occuper telle ou telle position sociale, il est donc préférable de raisonner en termes de **fluidité sociale** et de mesurer la mobilité sociale d'une catégorie sociale par rapport à une autre, par exemple la probabilité pour un fils de cadre de devenir cadre par rapport à la probabilité d'un fils d'ouvrier de devenir cadre. La fluidité sociale correspond donc à une **mobilité relative**.

[CONCLUSION]

La fluidité sociale constitue un meilleur indicateur de l'évolution de l'égalité des chances que la mobilité observée car elle ne dépend pas des transformations structurelles de la population.

SUJET 21 | La mobilité sociale intergénérationnelle

ÉTUDE D'UN DOCUMENT

Analysez, à l'aide de ce document, les différentes formes de la mobilité intergénérationnelle.

DOCUMENT **Table de destinée : catégorie socioprofessionnelle du fils en fonction de celle du père en 2003**

	CSP du fils (en %)							Structure sociale des pères (en %)
CSP du père	Agriculteur exploitant	Artisan, commerçant et chef d'entreprise	Cadre et profession intellectuelle supérieure	Profession intermédiaire	Employé	Ouvrier	Ensemble[1]	
Agriculteur exploitant	22	6	9	17	9	37	100	16
Artisan, commerçant et chef d'entreprise	1	21	22	23	9	24	100	12
Cadre et profession intellectuelle supérieure	0	6	52	27	6	9	100	8
Profession intermédiaire	0	8	33	33	9	17	100	11
Employé	0	7	22	28	17	26	100	9
Ouvrier	1	8	10	23	12	46	100	43
Ensemble[2]	4	9	19	24	11	33	100	100

Source : S. Dupays, « En un quart de siècle, la mobilité sociale a peu évolué », *Données sociales*, Insee, 2006.

Champ : hommes actifs ayant un emploi ou anciens actifs ayant eu un emploi, âgés de 40 à 59 ans en 2003.

1. À cause des arrondis, la somme n'est pas toujours égale à 100.
2. Structure sociale des personnes interrogées en 2003.

DÉMARRONS ENSEMBLE

- Pour analyser un tableau à double entrée, il faut commencer par **repérer les variables** présentées en lignes [catégories socioprofessionnelles du fils] et en colonnes [catégories socioprofessionnelles du père]. Les pourcentages ont été calculés en ligne, la lecture des pourcentages doit donc s'effectuer en ligne [sur 100 fils d'ouvriers [actifs ou anciens actifs âgés de 40 à 59 ans en 2003], 23 occupent des professions intermédiaires].
- La diagonale du tableau représente les **situations d'immobilité sociale** : les pères et les fils appartiennent à la même catégorie sociale.
- Les **marges du tableau** sont également importantes à comprendre : elles représentent la structure socioprofessionnelle de la génération des pères [dernière colonne] et celle des fils [dernière ligne].

CORRIGÉ

CORRIGÉ RÉDIGÉ

POINT MÉTHODE

Étudier un document statistique

- Quel que soit le document étudié, vous devez le **présenter**. Pour cela, analysez la signification du titre en définissant les notions qui sont nécessaires à sa compréhension. N'oubliez pas de repérer la source du document.
- Pour un document statistique, il faut en outre **faire attention aux unités**, qui peuvent être de deux ordres : des valeurs absolues [milliers, millions] ou des valeurs relatives [le plus souvent des pourcentages]. Il peut être intéressant de **faire des calculs simples** ne demandant pas l'utilisation de la calculatrice [différences de pourcentages en points de pourcentage ou coefficients multiplicateurs], en précisant que les résultats sont approximatifs.
- La règle, pour étudier des données statistiques, est d'aller d'une **lecture générale** du document [l'ensemble ou les dates extrêmes] vers une lecture qui permet de détecter les **détails significatifs**. Cette règle s'avère essentielle lorsqu'un document comprend de nombreuses informations.

[INTRODUCTION]

La table de mobilité présentée ici est une table de destinée précisant le devenir social des fils (évalué par les catégories socioprofessionnelles des hommes actifs ayant un emploi ou anciens actifs ayant eu un emploi, âgés de 40 à 59 ans en 2003) en fonction de leur origine sociale (catégories socioprofessionnelles des pères). Elle permet donc d'illustrer les principales **formes de la mobilité intergénérationnelle.**

Attention à ne pas confondre la **table de destinée** sociale avec celle de **recrutement** social, qui présente l'origine sociale des membres d'une catégorie socioprofessionnelle.

[DÉVELOPPEMENT]

- On relève effectivement des situations de mobilité intergénérationnelle : sur 100 fils d'agriculteurs exploitants (AE), 37 deviennent ouvriers et 17 professions intermédiaires (PI). De même, 79 % (100 – 21) des fils d'artisans, commerçants et chefs d'entreprise (ACCE) ne sont pas ACCE. On constate donc une certaine **fluidité sociale** de la société française. Celle-ci reste toutefois limitée pour certaines catégories. Par exemple, les fils de cadres et professions intellectuelles supérieures (CPIS) ont 2,7 (52/19) fois plus de chances de devenir CPIS et les fils d'AE ont 5,5 (22/4) fois plus de chances de devenir AE que s'il y avait une **mobilité parfaite.**

- En outre, une part importante de la **mobilité sociale observée** est liée à l'évolution de la structure socioprofessionnelle d'une génération à l'autre : il s'agit donc d'une **mobilité structurelle**. Par exemple, si les destins sociaux des fils d'AE et d'ACCE sont relativement ouverts, c'est parce que les parts de ces deux catégories socioprofessionnelles dans la population active ont nettement diminué entre les deux générations : de 16 % à 4 % pour les AE et de 12 % à 9 % pour les ACCE.

- Dans la plupart des cas, la mobilité sociale observée est une **mobilité de proximité** : les trajets sociaux sont courts car ils réunissent des catégories socioprofessionnelles proches socialement (les fils d'AE devenant ouvriers par exemple).

- Pour les fils des catégories « moyennes », il existe de réelles chances de **mobilité sociale ascendante** : 33 % des fils de PI deviennent CPIS et 50 % des fils d'employés deviennent des PI ou des CPIS. Les situations de **mobilité sociale descendante** sont plus fréquentes pour les fils de CPIS puisque 42 % d'entre eux deviennent PI, employés ou ouvriers.

Ces situations correspondent à un déclassement social puisque les individus appartiennent à une catégorie socioprofessionnelle inférieure à celle de leurs parents. En France, les situations de déclassement deviennent proportionnellement plus fréquentes.

Le **déclassement social** se mesure par le rapport entre les « mobiles ascendants » et les « mobiles descendants ».

[CONCLUSION]

Cette table de destinée sociale est donc un instrument utile à la compréhension des phénomènes de mobilité sociale intergénérationnelle.

SUJET 22 | Les déterminants de la position sociale

| DISSERTATION |

L'origine sociale influence-t-elle la position sociale en France aujourd'hui ?

DOCUMENT 1 Catégorie socioprofessionnelle du fils selon celle du père en 2000

	CSP du fils (en %)							Structure sociale des pères (en %)
CSP du père	Agriculteur exploitant	Artisan, commerçant et chef d'entreprise	Cadre et profession intellectuelle supérieure	Profession intermédiaire	Employé	Ouvrier	Ensemble[1]	
Agriculteur	21,8	4,9	10,0	15,9	14,6	32,5	100	10,5
Artisan, commerçant et chef d'entreprise	0,4	11,8	20,5	25,1	19,1	22,9	100	12,2
Cadre et profession intellectuelle supérieure	0,5	4,4	41,5	31,8	11,9	9,7	100	15
Profession intermédiaire	1,0	5,5	22,2	34,9	17,5	18,6	100	8,5
Employé	0,7	5,6	13,7	27,5	23,2	29,0	100	18,4
Ouvrier	0,5	4,7	6,6	19,2	19,8	49,0	100	35,1
Ensemble[2]	2,8	5,8	16,6	24,3	18,4	31,8	100	100

Source : Enquête Budget de famille, Insee, 2004.

Champ : personnes de référence du ménage de 30 à 50 ans.
1. À cause des arrondis, la somme n'est pas toujours égale à 100.
2. Structure sociale des personnes interrogées en 2003.

DOCUMENT 2 **Taux d'accès à une profession supérieure ou intermédiaire, selon le diplôme, le sexe et le milieu d'origine, en 2002**

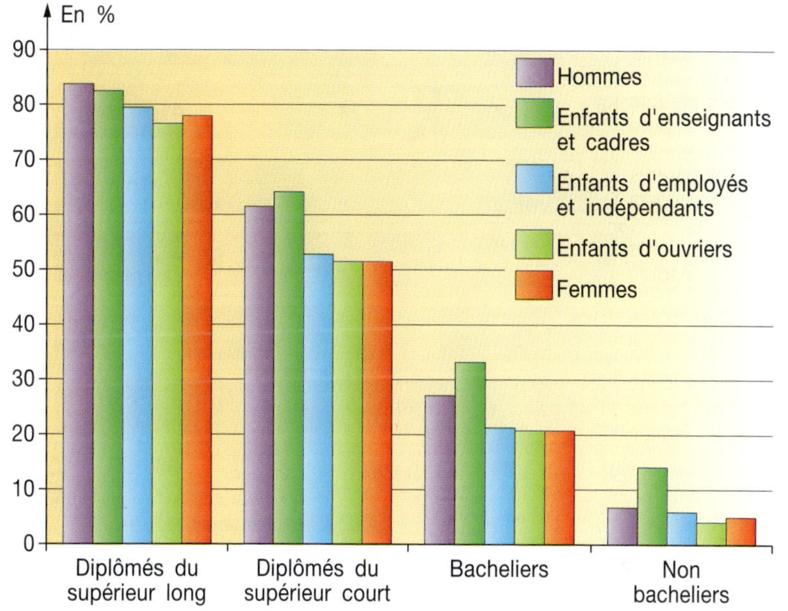

Source : Insee, *Enquêtes Emploi*, mars 2002.
Lecture : en mars 2002, parmi les hommes actifs diplômés de l'enseignement supérieur long, 83 % exercent une profession supérieure ou intermédiaire.
Champ : personnes occupant un emploi ou au chômage ayant achevé leurs études initiales depuis 2 à 9 ans.

DOCUMENT 3 Niveau de diplôme des jeunes à la sortie du système éducatif selon leur origine socioculturelle

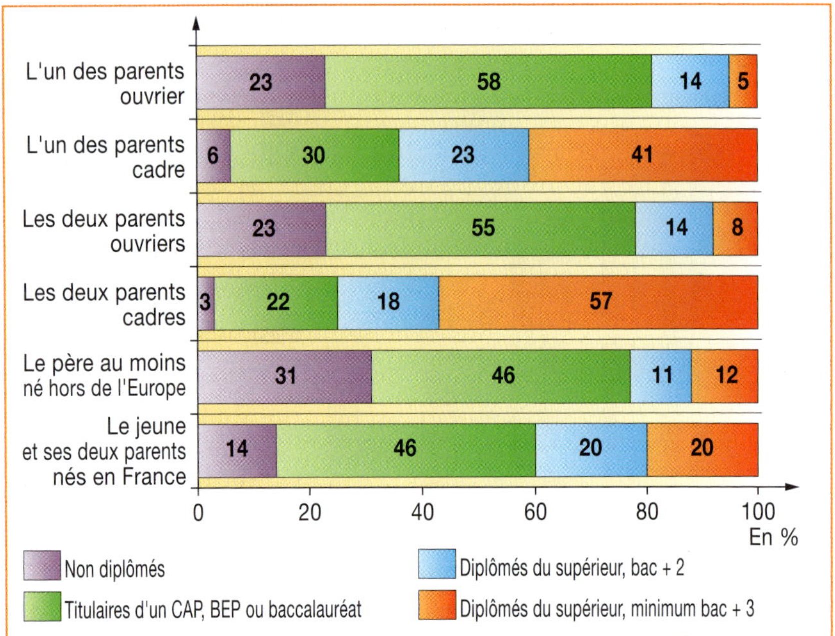

Source : *Enquête « Génération 98 »*, CEREQ, 2002.

DÉMARRONS ENSEMBLE

- Le sujet vous invite à montrer par quels mécanismes l'**origine sociale** d'un individu oriente sa position sociale, mais aussi que la **position sociale** d'un individu dépend d'autres facteurs.
- Les documents fournissent des **informations uniquement factuelles** :

– **document 1** : relation entre la position socioprofessionnelle des fils et celle de leur père (table de destinée sociale) ;

– **document 2** : effets du niveau de diplôme, du sexe et du milieu d'origine sur l'accès à des professions supérieures ou intermédiaires ;

– **document 3** : effets du niveau de diplôme, du lieu de naissance des parents et des enfants sur le niveau de diplôme des enfants.

CORRIGÉ

CORRIGÉ RÉDIGÉ

POINT MÉTHODE

Construire un plan de dissertation

Après avoir analysé le sujet, étudié le dossier documentaire et mobilisé vos connaissances, vous devez avoir rassemblé un **ensemble d'arguments** qu'il faut maintenant ordonner en élaborant un plan.

- Il faut tout d'abord vous fixer un **objectif (répondre au sujet)**, puis chercher les moyens dont vous disposez pour l'atteindre. L'exposé de ces moyens constitue la trame de votre dissertation, c'est-à-dire votre plan.
- Pour le construire, il est indispensable de vous poser des **questions** :
  – Pourquoi pensez-vous cela ?
  – N'y-a-t-il pas des arguments contradictoires ou d'ordres différents ?
  – Comment pouvez-vous démontrer, exposer tel ou tel argument ?
- Ce questionnement vous permet tout d'abord d'organiser votre réponse en **deux ou trois parties**, puis de définir l'organisation interne de chaque partie en **deux ou trois sous-parties**.
- Il est essentiel de vérifier la cohérence de votre argumentation et de vous assurer qu'elle réponde bien au sujet posé.

[INTRODUCTION]

[AMORCE] Selon Tocqueville, une société démocratique est caractérisée par l'égalité des conditions, ce qui suppose une parfaite mobilité sociale. Or, la structure sociale en France semble quelque peu figée. On peut donc se demander dans quelle mesure l'**origine sociale** continue à influencer la **position sociale** d'une génération à une autre, favorisant ainsi la reproduction sociale.

[DÉFINITION DES TERMES DU SUJET] L'origine sociale d'un individu est déterminée par la place qu'occupent ses parents dans la structure sociale, définie par la catégorie socioprofessionnelle. Celle-ci est hiérarchisée et détermine la position sociale des individus, c'est-à-dire la place qu'ils occupent dans l'espace social.

[PROBLÉMATIQUE ET ANNONCE DU PLAN] Si on peut considérer que l'origine sociale continue à influencer la position sociale, il faut savoir comment. Cependant, on peut également montrer que la destinée sociale n'est pas seulement le résultat d'un pur déterminisme et qu'il est possible d'échapper à sa destinée.

I La position sociale reste influencée par l'origine sociale

1. Le poids du capital culturel explique en grande partie la faible mobilité sociale

- La reproduction sociale est importante et concerne surtout les catégories socioprofessionnelles situées aux **extrémités de la hiérarchie sociale**. En effet, 41,5 % des fils de cadres interrogés en 2000 deviennent cadres et 49 % des fils d'ouvriers interrogés en 2000 deviennent ouvriers (document 1). On peut également considérer que les fils d'agriculteurs appartiennent au même milieu social que leur père, même si la table de mobilité semble montrer une forte mobilité : 32,5 % des fils d'agriculteurs deviennent ouvriers, ce qui ne constitue pas une véritable mobilité car ouvriers et agriculteurs appartiennent aux classes populaires. Cette **mobilité horizontale**, et non verticale, s'explique principalement par l'évolution de la structure sociale d'une génération à une autre puisqu'à la génération du père, les agriculteurs représentent 10,5 % des pères de personnes interrogées alors qu'à la génération du fils, ils ne représentent plus que 2,8 % des personnes interrogées.

- On peut expliquer la faible mobilité sociale pour les cadres, les ouvriers et les agriculteurs par le capital culturel hérité par les enfants de ces catégories sociales : la position sociale en France est étroitement liée au **niveau de diplôme** (document 3). Or, les enfants de milieux populaires ont moins de chances que les autres enfants de réussir leur scolarité, surtout parce que les parents, et particulièrement les mères chargées de suivre quotidiennement le travail de leurs enfants, ont un faible niveau de connaissances scolaires et extrascolaires. Cette analyse est confirmée par le **constat statistique** : pour sortir du système éducatif avec un diplôme égal ou supérieur à bac + 3, il vaut mieux avoir deux parents cadres (57 % des enfants ayant un père et une mère cadres ont un diplôme du supérieur minimum bac + 3, et seuls 3 % sont non diplômés) que deux parents ouvriers (8 % des enfants ayant un père et une mère ouvriers ont un niveau de diplôme supérieur à bac + 2, et 23 % n'ont pas de diplôme).

Le **capital culturel** correspond à l'ensemble des connaissances, des savoir-faire et des « savoir-être » transmis par la famille au cours du processus de socialisation.

2. Le plus souvent, au capital culturel s'additionne un capital social élevé

- Si la variable déterminante en France pour accéder aux positions sociales supérieures (cadres et professions intermédiaires) est le **niveau de diplôme** (75 % des actifs ayant un diplôme du supérieur long accèdent à une profession supérieure ou intermédiaire), d'autres variables peuvent entrer en jeu : le **sexe** (83 % des hommes diplômés de l'enseignement supérieur long accèdent à une profession supérieure ou intermédiaire, contre 78 % des femmes), mais également l'**origine nationale** (documents 2 et 3). La différence pour obtenir un diplôme de niveau égal ou supérieur à bac + 3 est de 8 points entre les enfants nés en France dont les parents sont nés en France et les enfants dont le père au moins est né hors d'Europe.

■ L'étude de la constitution des élites sociales en France met en évidence le rôle du capital social. En effet, non seulement il faut réussir ses études, mais l'entrée dans une grande école permet de constituer un **réseau de connaissances** qui facilitera l'accès au sommet de la fonction publique ou de l'entreprise. Si la constitution des **élites** n'est pas propre à la France, le rôle joué par les relations sociales nouées au cours des études l'est, car ces élites sont, le plus souvent, cooptées par ceux qui ont suivi le même type d'études.

> Le **capital social** se définit comme l'ensemble des relations sociales d'un individu, qui peuvent l'aider à mettre en valeur son capital économique ou culturel.

La **transmission d'un capital culturel** et **d'un capital social** d'une génération à une autre montre comment l'origine sociale influence la position sociale en France, surtout pour ce qui concerne les positions situées aux extrémités de la hiérarchie sociale. Cependant, les **tables de mobilité** montrent qu'il est possible d'échapper à sa **destinée sociale**.

II Il est possible d'échapper à sa destinée sociale

1. La société française n'est pas figée

■ Les **statistiques** concernant la mobilité sociale en France en 2000 montrent que 27,5 % des personnes interrogées fils d'employés appartiennent aux professions intermédiaires, ce qui est également le cas pour 25,1 % des fils d'artisans, commerçants, chefs d'entreprise (document 1). De la même façon, 22 % des fils de professions intermédiaires et 13 % des fils d'employés accèdent à la catégorie socioprofessionnelle des cadres et professions intellectuelles supérieures. Il existe donc une certaine **mobilité sociale nette ascendante** qui ne s'explique pas seulement par l'évolution de la structure sociale d'une génération à une autre.

■ Cette mobilité sociale nette montre que l'**idéal démocratique** conduit la société française. Cet idéal repose sur le principe de l'égalité des chances, notamment à l'école. La **réussite scolaire** ne doit pas dépendre du genre, des origines sociales ou ethniques des élèves, mais de leurs mérites, c'est-à-dire de leurs aptitudes individuelles. La mise en œuvre des zones d'éducation prioritaire ou l'adoption de mesures de discrimination positive aux concours d'entrée de certaines grandes écoles (Institut d'études politiques de Paris par exemple) s'inscrivent bien dans cette logique.

> Une **discrimination positive** consiste à établir une différence de traitement entre des individus visant à réduire certaines inégalités.

2. L'égalité des chances devrait favoriser la mobilité sociale

- La variable déterminante en France pour accéder aux positions sociales supérieures est le **niveau de diplôme** : au moins 75 % des actifs ayant un diplôme du supérieur long accèdent à une profession supérieure ou intermédiaire, tandis que le maximum est de 15 % pour les non bacheliers, et le plus souvent inférieur à 10 % (document 2). Ainsi, quels que soient le sexe et l'origine socioprofessionnelle, plus le niveau de diplôme est élevé et plus le taux d'accès à une profession supérieure ou intermédiaire est important. La **réussite scolaire** est donc un **critère essentiel** de la position sociale des individus.
- Pour les jeunes ayant quitté le système éducatif en 1998, 40 % de ceux nés en France et dont les deux parents sont également nés en France ont un diplôme du supérieur au moins équivalent à bac + 2 (document 3). Cette situation est le résultat de la **massification scolaire** depuis les années 1950 et 1960, qui permet à un nombre de plus en plus important de jeunes Français de poursuivre des études longues. Cette massification se traduit par une certaine **démocratisation quantitative** du système scolaire et une plus grande **égalité des chances**.

[CONCLUSION]

- [RÉPONSE À LA PROBLÉMATIQUE] En France, les **positions sociales** acquises par les individus restent largement influencées par l'**origine sociale**. On peut l'expliquer par l'importance du capital culturel et du capital social dans la réussite scolaire. Mais il est possible de connaître, d'une génération à une autre, une mobilité sociale ascendante qui n'est pas seulement structurelle mais aussi nette. On peut l'expliquer par la massification scolaire favorisant une plus grande égalité des chances à l'école.
- [OUVERTURE] Cependant, celle-ci reste limitée et la question de la démocratisation du système scolaire est toujours posée en France de nos jours.

SOCIOLOGIE

Quels liens sociaux dans des sociétés où s'affirme le primat de l'individu ?

FICHES

BILAN

SUJETS CORRIGÉS

25 Comment les formes de solidarité ont-elles évolué ?

L'évolution des formes de solidarité étudiée par Durkheim permet de montrer les fondements et les facteurs de fragilisation du lien social dans nos sociétés.

I Les fondements de la solidarité selon Durkheim

1. Le lien social

- Pour le sociologue **Émile Durkheim** (1858-1917), les hommes ont besoin de règles pour vivre en société. Indispensables à la constitution du lien social, ces règles, désignées sous les termes de normes et de valeurs, sont contraignantes mais permettent la **solidarité sociale**.
- Ainsi, la société unit ses membres en leur permettant d'être en relation les uns avec les autres et de partager des buts communs : c'est la **cohésion sociale**. Les membres d'une société partagent aussi une **conscience collective**, c'est-à-dire des croyances et des sentiments communs.

Le **lien social** est constitué des relations directes entre les individus, mais repose aussi sur l'appartenance et l'affiliation à une culture commune.

2. Les deux formes de solidarité sociale

Durkheim distingue deux formes de solidarité qui caractérisent les sociétés traditionnelles et modernes.

- La **solidarité mécanique**, qui repose sur la similitude, est caractéristique des sociétés traditionnelles. Dans les sociétés primitives, **tous les individus exercent les mêmes tâches**, seule la différenciation des sexes est marquée. Il y a une forte conscience collective car la façon de penser de l'individu et celle du groupe sont confondues. Se différencier des autres mettrait en danger la collectivité, c'est pourquoi le droit est répressif.
- La **solidarité organique** est caractéristique des sociétés modernes : la **division sociale du travail** rend les hommes complémentaires et donc solidaires, comme les organes du corps humain. Les individus sont plus **autonomes** et doivent se plier à certaines exigences pour participer à la vie sociale. Dans les sociétés modernes, le droit est restitutif : on remet les choses en l'état en utilisant la réprobation et la sanction en cas de violation des règles sociales.

II Les facteurs qui fragilisent le lien social

1. La montée de l'individualisme

L'individualisme désigne l'émancipation de l'individu vis-à-vis des contraintes collectives. Il peut s'envisager de deux façons :
- une **forme particulariste** (principe du chacun pour soi et de l'égoïsme qui menace le lien social) ;
- une **forme universaliste** (autonomie de l'individu qui choisit ses liens sociaux en les rendant plus solides).

2. L'anomie ou le dérèglement social

- L'anomie désigne une **insuffisance de règles sociales** qui désoriente les individus dans leurs conduites et leurs relations. Le progrès technique et le changement social en constituent les deux causes principales. Le lien social peut être fragilisé par l'**anomie** car les règles qui unissent les hommes ne sont plus clairement perçues et n'ont plus la même force. Par exemple, la forte augmentation du nombre de divorces a bouleversé les règles familiales et a entraîné une perte de repères.
- Le téléphone portable, internet et Facebook sont des **innovations techniques** dont les règles d'utilisation ont été, au départ, inexistantes. Elles ont donc créé de l'anomie et des règles d'utilisation ont dû êtres fixées.
- Il n'y a pas de société sans déviance, mais son augmentation est l'expression d'une société qui a de plus en plus de mal à intégrer ses membres. De ce fait, la cohésion sociale est menacée. La déviance exprime souvent un **appel à l'intégration** de la part de personnes qui se sentent rejetées. Les émeutes d'août 2011 en Angleterre en sont un exemple.

La **déviance** est la transgression de normes qui fait l'objet d'une sanction. En cas de transgression de la loi, on parle de délinquance.

EN BREF

Analyser les fondements de la solidarité nous amène à préciser la nature des liens qui unissent les individus au sein d'une société et à montrer les facteurs qui la fragilisent.

26 Comment les instances d'intégration ont-elles évolué ?

La famille, l'école et le travail ont un rôle essentiel pour permettre de « tisser » le lien social. Leur évolution récente peut parfois remettre en cause ce rôle.

I La famille

- La famille est l'**institution première** produisant du lien social car l'individu y est rattaché par les liens de parenté et les liens du sang. En favorisant la faculté de chacun à entrer en relation avec l'autre (sociabilité), en particulier dans l'apprentissage du langage qui permet de nommer, de se représenter et de comprendre autrui, la famille socialise le petit enfant. La transmission à l'enfant d'une culture familiale et des principaux codes sociaux constitue la socialisation primaire.

Intense dans la petite enfance, la **socialisation** est un processus d'apprentissage des valeurs, normes et rôles sociaux qui se prolonge tout au long de l'existence.

- Même si la famille moderne met en avant l'autonomie de ses membres et leur liberté de choix, les **solidarités familiales** restent fortes (aides financières, échanges de service...).
- Depuis le début des années 1970, d'importantes évolutions bouleversent la famille traditionnelle et marquent un **affaiblissement des règles** qui la régissaient. Ces évolutions créent de l'anomie et il y aurait une **désinstitutionalisation de la famille** : celle-ci joue moins qu'avant son rôle d'intégration à travers le respect de règles et de valeurs.

Indicateurs sociodémographiques en France	1970	2011
Unions (en milliers)	393,7	236,8
Divorces (en milliers)	37,4	132,9
Âge moyen de la maternité	27,2	30,1
Taux de naissance hors mariage	6,8	55,8

Source : Insee.

II L'école

▪ **L'école intègre** en transmettant des valeurs (respect d'autrui, solidarité) et des normes (discipline, sens de la hiérarchie...). Les élèves se socialisent et expérimentent les **règles de la vie sociale** tout en s'émancipant en accédant au savoir.

> Les **valeurs** sont les représentations abstraites que la société valorise et qui orientent la conduite de ses membres.

▪ Cependant, **l'école peut exclure** car la massification scolaire a intensifié la concurrence entre élèves et produit un nouveau type d'exclusion qui relègue les jeunes en difficulté hors du système scolaire ou en échec dans des filières dévalorisées (filières professionnelles sur lesquelles on a porté un jugement négatif). Aujourd'hui, en France, 10 % des jeunes de 18 à 24 ans sortent du système scolaire sans diplôme.

III Le travail

▪ L'individu qui travaille participe à la production sociale (solidarité organique), et acquiert ainsi un sentiment d'utilité sociale. Son **revenu** lui permet l'accès à la consommation, elle-même intégratrice. Le travailleur dispose d'un **statut** qui le protège contre les aléas de la vie sociale grâce à la **protection sociale**. De plus, le travail est un **espace de socialisation** où se nouent des relations qui impliquent le respect de normes collectives. Le travail permet une vie ritualisée et rythmée par les obligations professionnelles ; l'individu est reconnu et valorisé par son métier, sa qualification, son statut.

▪ Au cours du XXe siècle, le travail est devenu pour l'individu le moyen de gagner sa vie et d'avoir une place dans la société, mais aussi le principal moyen d'expression de sa singularité, et le lieu essentiel du lien social et de l'épanouissement personnel.

▪ Néanmoins, aujourd'hui, les **nouvelles formes d'organisation du travail** (NFOT) peuvent isoler les salariés et créer une véritable souffrance. La pénibilité, les contraintes routinières ou une dimension aliénante peuvent mettre à mal l'identité sociale des individus. Le travail perd alors de sa force d'intégration.

EN BREF

Dans la société moderne, les instances d'intégration continuent de jouer leur rôle, mais on peut s'interroger sur leur évolution en matière de socialisation et de maintien des relations sociales.

27 Le lien social est-il fragilisé ?

Les transformations de la société, et notamment la montée de l'individualisme et du chômage, fragilisent les instances d'intégration et le lien social. L'augmentation de la pauvreté et de l'exclusion accompagne cette fragilisation.

I La crise du travail

- La **montée du chômage** entraîne une remise en cause du rôle social et de l'identité de la personne sans travail. Avec la perte de son statut professionnel et du sentiment d'utilité sociale, le chômeur découvre une forme d'isolement accentué par la baisse de ses revenus.
- L'augmentation des **emplois précaires** rend plus difficile la participation du salarié à la vie de l'entreprise, alors que l'instabilité de sa situation fragilise son intégration sociale. Il existe de plus en plus de **travailleurs pauvres** ayant un emploi avec une rémunération trop faible pour vivre décemment. Les travailleurs pauvres et les salariés occupant un emploi précaire peuvent percevoir un complément de revenus de la part de l'État, comme le RSA (revenu de solidarité active). Tout l'enjeu consiste cependant à ne pas renforcer l'isolement social des personnes en difficulté.

II L'augmentation de la pauvreté

- La pauvreté est définie comme l'incapacité d'un individu à satisfaire un certain nombre de **besoins essentiels** (nourriture, logement...). Plus largement, il s'agit d'un cumul de **handicaps sociaux** (financiers, scolaires et culturels).
- On peut considérer que la pauvreté revêt **trois dimensions** :
  - la **pauvreté monétaire** est relative à chaque société. Sont pauvres, les ménages dont les revenus sont inférieurs à un seuil de pauvreté estimé à 60 % du revenu médian ;
  - la **pauvreté des conditions de vie** se traduit par un manque de bien-être matériel et social, des privations, l'absence de confort...
  - la **pauvreté psychologique** est la perception qu'ont les individus de leur situation et de leurs difficultés.

> Le **revenu médian** est le niveau de revenu qui partage la population en deux : 50 % sont en dessous, 50 % au-dessus.

- Les personnes vivant en dessous du **seuil de pauvreté** sont surtout les personnes seules, au chômage ou avec des contrats précaires, les jeunes, les femmes, les familles monoparentales et les familles avec enfants dont au moins une des personnes est inactive.

Types de ménage auxquels appartiennent les individus	Taux de pauvreté (seuil à 60 %)
Individus appartenant à un ménage dont la personne de référence à moins de 65 ans	15,4 %
Personnes seules	19,1 %
Familles monoparentales	34,6 %
dont :	
Mères inactives	*68 %*
Mères actives	*23,1 %*
Couples	11,7 %
Couples d'inactifs avec ou sans enfant	20,3 %
Homme actif – femme inactive avec trois enfants ou plus	38,9 %
Couples d'actifs sans enfant	5,1 %
Couples d'actifs avec trois enfants ou plus	10,9 %

Source : Insee, 2008.

III La montée de l'exclusion

- L'exclusion est un processus de rupture progressive du lien social pouvant conduire l'individu à l'isolement ou à la marginalisation. On parle de désaffiliation sociale et de disqualification sociale.
- En général, le processus d'exclusion passe par **trois étapes** :
  - la **fragilité**, par exemple des personnes déclassées après un échec professionnel ;
  - la **dépendance**, par exemple vis-à-vis des travailleurs sociaux ;
  - la **rupture** du lien social avec, par exemple, la perte de la protection sociale.
- Le chômage, particulièrement le chômage de longue durée, et la précarité de l'emploi sont les causes essentielles de l'exclusion, avec la précarité des situations familiales. **Les causes de la pauvreté et de l'exclusion sont souvent identiques**, car ces situations se confondent. On peut cependant être pauvre sans être exclu. Il existe ainsi dans le Nord de la France une tradition d'entraide entre personnes démunies.

La **désaffiliation sociale** est l'affaiblissement des relations et des liens sociaux tandis que la **disqualification sociale** se traduit par le rejet et la dévalorisation de la personne, qui se met à l'écart des dispositifs d'assistance.

EN BREF

Les difficultés rencontrées par les instances d'intégration et la crise du travail fragilisent la cohésion sociale. La montée de la pauvreté et de l'exclusion en sont des indices inquiétants.

Quiz express

Vérifiez que vous avez bien retenu les points clés des **fiches 25 à 27**.

Comment les formes de solidarité ont-elles évolué ?

1 Vrai ou faux ? Cochez la bonne case.

	VRAI	FAUX
a. Le lien social nécessite des règles pour vivre en société.	☐	☐
b. Le lien social n'a pas de rapport avec la cohésion sociale.	☐	☐
c. Le lien social suppose de partager une conscience collective.	☐	☐

2 Quels termes sont liés à la notion d'intégration ?

☐ **a.** Le changement social
☐ **b.** La conscience collective
☐ **c.** La cohésion sociale
☐ **d.** L'individualisme

3 Vrai ou faux ? Cochez la bonne case.

	VRAI	FAUX
a. L'individualisme est émancipateur.	☐	☐
b. L'individualisme n'est jamais une menace pour la cohésion sociale.	☐	☐
c. La solidarité organique concerne les sociétés primitives.	☐	☐
d. La délinquance est une forme de déviance.	☐	☐

4 Quels termes sont reliés à la notion d'anomie ?

☐ **a.** La solidarité
☐ **b.** Le relâchement des règles sociales
☐ **c.** Le progrès technique
☐ **d.** La désorientation

SUJET 23

Comment les instances d'intégration ont-elles évolué ?

5 Cochez les affirmations vraies.

☐ **a.** La famille moderne a créé de l'anomie.
☐ **b.** La famille est une instance de socialisation primaire.
☐ **c.** Toutes les instances d'intégration créent des normes et des valeurs.
☐ **d.** Le travail assure toujours l'intégration sociale.
☐ **e.** Socialisation et sociabilité signifient la même chose.

6 Les facteurs qui portent atteinte à l'intégration sociale sont :

- ☐ **a.** les changements dans la famille.
- ☐ **b.** l'autonomie dans les familles modernes.
- ☐ **c.** la dévalorisation de certaines filières scolaires.
- ☐ **d.** le communautarisme.
- ☐ **e.** l'égalité des droits.

7 Reliez les termes qui se rapportent à l'intégration ou qui en montrent les limites.

a. Respect d'autrui •	
b. Valeurs •	
c. Concurrence scolaire •	• **1.** Intégration
d. Citoyenneté •	• **2.** Limites de l'intégration
e. Communautarisme •	
f. Souffrance au travail •	

8 Le travail a une fonction intégratrice en :

- ☐ **a.** donnant un statut au travailleur.
- ☐ **b.** faisant pression sur les salariés.
- ☐ **c.** ritualisant la vie sociale.
- ☐ **d.** donnant droit à un revenu.

SUJETS 24 ET 25

Le lien social est-il fragilisé ?

9 Vrai ou faux ? Cochez la bonne case.

	VRAI	FAUX
a. La pauvreté est un cumul de handicaps.	☐	☐
b. La pauvreté est relative.	☐	☐
c. Pauvreté et exclusion sont deux termes identiques.	☐	☐
d. Les familles monoparentales sont peu touchées par la pauvreté.	☐	☐
e. Désaffiliation et disqualification sociale signifient la même chose.	☐	☐
f. Le processus qui mène à l'exclusion se fait en trois étapes.	☐	☐

10 L'exclusion est :

- ☐ **a.** le contraire de l'intégration.
- ☐ **b.** la conséquence d'une succession de ruptures.
- ☐ **c.** complètement indépendante du marché du travail.

RÉPONSES

1. a et c • **2.** b et c • **3.** a et d sont vraies. • **4.** Seule a est fausse. • **5.** a, b et c • **6.** a, c et d • **7.** a/1, b/1, c/2, d/1, e/2, f/2 • **8.** Seule b est fausse. • **9.** c et d sont fausses. • **10.** a et b

SUJET 23 | Les formes de la solidarité sociale

MOBILISATION DES CONNAISSANCES

Caractérisez les formes de solidarité selon Durkheim.

DÉMARRONS ENSEMBLE

- La question demande de présenter les formes de solidarité mises en évidence par Durkheim : la **solidarité mécanique** et la **solidarité organique**.
- Pour chaque forme de solidarité, il faudra préciser la **nature des liens** qui unissent les hommes. Il faudra également expliquer le **rôle de la division du travail** dans l'évolution des formes de la solidarité.

CORRIGÉ

CORRIGÉ RÉDIGÉ

Lors de l'épreuve, vous devrez répondre à deux questions de mobilisation des connaissances, portant chacune sur des champs différents du programme (science économique ; sociologie ; regards croisés).

[INTRODUCTION]

L'étude du lien social développée par Durkheim à la fin du XIXe siècle constitue encore aujourd'hui un **cadre d'analyse pertinent** de nos sociétés contemporaines. Durkheim distingue deux formes de solidarités : la solidarité mécanique et la solidarité organique.

[DÉVELOPPEMENT]

- La **solidarité mécanique**, symbole des sociétés traditionnelles, repose sur une absence de différenciation. Dans ces sociétés restreintes à **faible division du travail**, l'unité vient de la ressemblance. Cette **ressemblance** tient au fait que, grâce à un fort pouvoir de coercition, une conscience collective s'exerce sur tous les membres du groupe et leur impose un système commun de croyances et de valeurs. Ainsi, selon Durkheim, la « personnalité individuelle est absorbée dans la personnalité collective » et les individus n'ont que peu de marges de manœuvre. Cette solidarité est maintenue par un **droit répressif** (sanctions pénales) qui contrôle et punit tout écart à la norme.
- Alors que la **cohésion sociale** naît de l'homogénéité du groupe dans les sociétés traditionnelles, le lien social, dans les **sociétés modernes**, provient d'une forte dissemblance entre les individus. À mesure que la société se densifie (accroissement démographique, intensification des relations sociales), la division du travail se développe et s'étend à l'ensemble des activités sociales. La **spécialisation des individus** renforce la différenciation sociale mais développe également leur complémentarité. La **division du travail** donne

naissance à une nouvelle forme de solidarité : la **solidarité organique**. La conscience collective tend à s'effacer au profit de la conscience individuelle. Dans un tel contexte, **le droit est restitutif** (il vise davantage à réparer qu'à punir) et se développe : administratif, commercial, etc.

[CONCLUSION]

Le niveau de **développement de la division du travail** constitue l'une des caractéristiques importantes des deux formes de solidarités distinguées par Durkheim.

SUJET 24 | Diplôme et insertion professionnelle

ÉTUDE D'UN DOCUMENT

Après avoir présenté et analysé le document ci-dessous, répondez à la question. Quelles relations peut-on établir entre le niveau de diplôme et l'insertion professionnelle ?

DOCUMENT **Inégalités d'insertion professionnelle en 2007 pour quelques sortants du système scolaire en 2004, selon le diplôme, le sexe et la situation face à l'emploi**

	Taux de chômage (en %)		Salaire médian pour un équivalent temps plein (en euros par mois)		Temps partiel contraint (en %)[1]	
	Hommes	Femmes	Hommes	Femmes	Hommes	Femmes
Ensemble	14	15	1 400	1 340	4	14
Non diplômé	29	38	1 200	1 140	8	25
Bac général	15	14	1 350	1 210	7	17
Bac + 2	7	7	1 500	1 410	3	8
DESS, DEA[2], Master 2	5	7	2 000	1 700	3	6
École de commerce et d'ingénieurs	2	7	2 250	2 110	0	2
Doctorat	8	7	2 170	2 200	5	6

Source : Céreq, *Enquête Génération 2004.*

Champ : ensemble des jeunes sortis du système éducatif en 2004 (737 000 individus).

1. Proportion de jeunes qui occupent un emploi à temps partiel alors qu'ils souhaitent travailler à temps plein.
2. DESS : diplôme d'études supérieures spécialisées ; DEA : diplôme d'études approfondies (bac + 5 ou plus).

DÉMARRONS ENSEMBLE

- Ce tableau présente **différents facteurs de l'insertion professionnelle** (taux de chômage, niveau du salaire médian, pourcentage de temps partiel) selon le niveau de diplôme et selon le sexe.
- Il ne faudra pas oublier de prendre en compte les **différences** entre **hommes** et **femmes** et de montrer que la relation niveau de diplôme-insertion professionnelle diffère selon le sexe.

CORRIGÉ

CORRIGÉ RÉDIGÉ

[INTRODUCTION]

Ce tableau permet de faire le lien entre le niveau de diplôme et la qualité de l'insertion professionnelle 3 ans après la fin des études, appréhendée avec trois indicateurs : le taux de chômage, le salaire médian à temps plein et la proportion de temps partiel subi (non choisi).

[DÉVELOPPEMENT]

- Il apparaît que le **taux de chômage** (pourcentage de chômeurs parmi l'ensemble des actifs) décroît lorsque le niveau de **diplôme** augmente. Par exemple, chez les hommes, 29 % des non diplômés sont au chômage, contre seulement 7 % pour les titulaires d'un bac + 2. Cette relation est vraie à l'exception des titulaires d'un doctorat, qui ont certes un taux de chômage moindre que les diplômés du secondaire, mais du même niveau que les bac + 2. On remarque qu'une fois passé le bac, le taux de chômage des **jeunes femmes** (toujours plus élevé que celui des hommes) reste stable, quel que soit le niveau de diplôme du supérieur, aux alentours de 7 %, légèrement supérieur à celui des hommes entre bac + 2 et bac + 5.
- La rémunération s'accroît avec le niveau de diplôme, pour les femmes comme pour les hommes : le **salaire médian** (niveau de salaire tel que la moitié de la population gagne plus et la moitié gagne moins) des hommes titulaires d'un diplôme d'une école de commerce ou d'ingénieurs est plus de 1,8 fois plus élevé que celui d'un homme non diplômé.

> L'exploitation des **données statistiques** nécessite souvent d'effectuer des calculs simples, ici un coefficient multiplicateur.

- Quel que soit le niveau de diplôme, on observe une **inégalité salariale aux dépens des femmes**.
- Pour les hommes, l'**emploi à temps partiel** subi varie peu en fonction du niveau de diplôme ; en revanche, pour les **femmes** (qui sont plus touchées que les hommes), la fréquence du temps partiel subi est quasiment divisée

par deux par rapport à la moyenne à partir du niveau bac + 2. Un niveau de diplôme plus élevé semble réduire leur exposition au travail à temps partiel **imposé**, sans doute du fait de la nature qualifiée des emplois qu'elles occupent alors. La détention d'un doctorat ne permet pas aux hommes de réduire la part du temps partiel subi de façon sensible par rapport à la moyenne, tandis que pour les femmes titulaires d'un doctorat, la proportion est la même que pour les bac + 5 universitaires.

[CONCLUSION]

Le niveau de diplôme est donc un élément important de l'insertion professionnelle : quel que soit le sexe, plus le niveau de diplôme s'élève, plus l'insertion professionnelle est forte.

SUJET 25 | Emploi et intégration sociale | RAISONNEMENT |

À l'aide du dossier documentaire et de vos connaissances, montrez pourquoi l'emploi est source d'intégration sociale.

DOCUMENT 1

Loin de séparer, la division du travail renforce la complémentarité entre les membres d'une société. Non seulement elle donne à chacun, si monotone que soit sa tâche, le sentiment de son utilité, mais elle le transforme de l'intérieur, le socialise, et lui fait partager avec d'autres une « même vie morale ». [...] C'est ce que montre l'entretien avec Yves L., 62 ans, chauffeur-livreur à Rungis [...] :

« *Rungis ça a changé énormément, Rungis c'est une usine, vous comprenez ? Je vais vous expliquer. Aux Halles de Paris*[1]*, on se connaissait tous, on se voyait tous les jours, on voyait les mêmes personnes, on était en contact intimement avec tout le monde vous voyez, c'était une ambiance ... Une vie collective, confraternelle parce que y en avait un qui peinait, qui poussait un chariot de viande [...] un type passait à côté, bah, il lui demandait même pas, il l'aidait à pousser le chariot [...] même les patrons des fois ils arrivaient, ils vous donnaient la main, vous voyez, or Rungis ça a été fini, ça n'a plus existé, on se connaissait plus, ça a été l'usine. [...] Et y avait plus cette ambiance qu'on avait pour casser la croûte par exemple, on sortait avec un kilo de bidoche, on allait au café,* « Tiens, tu me feras cuire ça pour tout à l'heure », *on buvait un pot, on repartait au boulot.* »

Travailler pour être heureux ? de C. Baudelot, M. Gollac

1. Les Halles formaient le grand marché alimentaire de Paris jusqu'à la décision, prise en 1962, de leur déplacement à Rungis et La Villette.

DOCUMENT 2 Niveau de vie médian (individuel) selon la situation par rapport à l'emploi en France (2007)

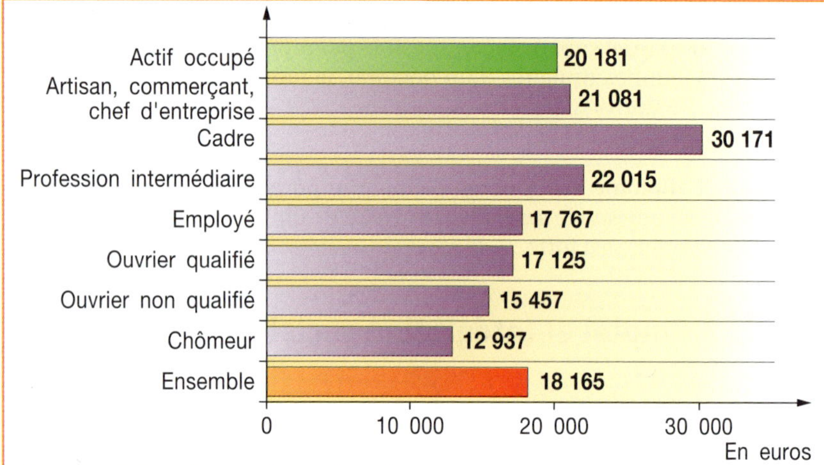

Source : d'après Insee, *Enquêtes revenus fiscaux et sociaux 2005 à 2007.*

DOCUMENT 3 Nombre moyen d'interlocuteurs directs[1] par semaine et par catégorie

	Occupation actuelle			
	Actif occupé	**Chômeur**	**Personne au foyer**	**Retraité ou retiré des affaires**
Parenté	2,5	2,3	2,6	2,2
Ami	2,0	2,2	1,9	1,6
Voisin	0,9	0,9	1,2	1,3
Collègue de travail	2,2	0,4	0,1	0,2
Relation de service	0,8	0,8	1,0	0,9
Autre relation	1,1	0,9	1,2	1,0
Non classé	0,2	0,2	0,2	0,2
Ensemble	**9,7**	**7,7**	**8,2**	**7,4**

Source : d'après Insee, *Données sociales, 1997.*

Champ : personnes de 15 ans ou plus habitant en France métropolitaine.

1. Est considérée comme interlocuteur toute personne vivant hors du foyer, avec qui l'on a au moins une discussion à caractère personnel d'au moins cinq minutes.

DÉMARRONS ENSEMBLE

Les évolutions récentes de l'emploi font que la relation emploi-intégration sociale est l'objet d'**interprétations diverses**. Le sujet n'invite pas à discuter de cette relation, mais à expliquer les **mécanismes** par lesquels l'emploi favorise l'intégration sociale.

CORRIGÉ

CORRIGÉ RÉDIGÉ

[INTRODUCTION]

Au cours des années 1990, certains sociologues prévoyaient la « **fin du travail** » comme facteur central de l'intégration sociale. Cependant, l'existence d'un chômage de masse, brusquement aggravé par les effets de la récession liée à la crise financière de 2007-2008, n'a pas confirmé ces analyses : l'**emploi** – activité professionnelle rémunérée – reste aujourd'hui encore **source** d'**intégration sociale**, processus par lequel l'individu se sent appartenir à la société en adhérant aux normes et aux valeurs communes, et participe à la vie collective. L'emploi est source d'intégration sociale pour au moins trois raisons : il permet d'accéder à la société de consommation ; il produit de la solidarité et est porteur d'identité ; enfin, avoir un emploi renforce l'intensité des relations sociales.

Votre **premier paragraphe** doit vous permettre d'introduire votre réponse : accroche, définition des termes du sujet et annonce du plan de votre raisonnement.

I En étant une source de revenu, l'emploi permet de consommer

- L'emploi permet d'être intégré à la **société de consommation**. La principale source de revenu trouve son origine dans le travail salarié. Ainsi, le niveau de vie annuel médian des actifs occupés est de 18 165 €, ce qui signifie que 50 % des Français (qui résident en métropole) ont un niveau de vie supérieur à ce revenu et 50 % ont un **niveau de vie** inférieur à ce même revenu.

- Mais on constate une différence d'un peu plus de 50 % entre le niveau de vie de ceux qui ont un emploi et celui des chômeurs (document 2). Grâce au revenu, l'accès à la **consommation** est facilité. Or, dans notre société, cette consommation constitue un facteur puissant de l'intégration sociale. Ainsi, la consommation ostentatoire permet de s'intégrer à un groupe social à la fois par **effet d'imitation** de la consommation des autres membres du groupe et par **effet de différenciation** des membres des autres groupes sociaux.

II L'emploi crée de la solidarité et est porteur d'identité collective

■ Le témoignage d'un chauffeur-livreur de Rungis (document 1) illustre comment l'emploi produit de la **solidarité** et est porteur d'**identité collective**. Comme l'a mis en évidence Émile Durkheim dans son ouvrage *De la division du travail social*, l'insertion dans la **division du travail social** implique le respect de certaines normes collectives (contrat de travail, règles et usages propres à chaque profession, etc.). Elle crée un tissu d'interdépendances et donc de complémentarités entre les hommes, ce qui entraîne certaines formes de solidarités : les hommes se sentent appartenir à une même communauté et ont des buts communs. Ils partagent ainsi des **croyances** et des sentiments collectifs, c'est-à-dire qu'ils adhèrent à une **conscience collective**.

■ Ce témoignage montre que l'emploi, source d'une **identité professionnelle,** est au cœur de l'identité sociale, particulièrement dans une société où plus de 85 % des actifs sont salariés. Les hommes se définissent et existent les uns pour les autres en fonction des tâches productives qu'ils occupent (médecins, ouvriers, etc.). L'emploi procure un sentiment d'**utilité sociale** et donne accès à des **droits sociaux** (soins, retraite, allocation chômage, etc.).

III Avoir un emploi renforce l'intensité de la vie sociale

■ En outre, l'emploi renforce l'intensité de la vie sociale. Les actifs occupés ont en moyenne 9,7 interlocuteurs directs par semaine avec lesquels ils ont une « discussion à caractère personnel », contre seulement 7,7 chez les chômeurs (document 3). Quel que soit le type d'interlocuteurs, les chômeurs apparaissent plus isolés que les actifs occupés, à l'exception des relations amicales. L'exercice d'une activité professionnelle rémunérée semble donc être le gage d'une **vie sociale** plus intense.

■ Le travail implique effectivement de nombreuses formes de **relations sociales** de coopération (lorsque le travail est divisé au sein d'une unité de production ou entre plusieurs unités), de subordination (relations hiérarchiques au travail) ou bien encore de contestation (opposition fondamentale dans la société capitaliste entre les travailleurs et les détenteurs des moyens de production). Travailler, c'est donc être inséré dans un ensemble de relations sociales. À l'inverse, l'absence d'emploi nuit à la **sociabilité**. Le **chômage** pèse donc fortement sur les chances d'intégration sociale.

[CONCLUSION]

En rendant possible l'accès à la consommation, en produisant de la solidarité et en générant de nombreuses formes de relations sociales, l'**emploi** est donc un vecteur essentiel de l'**intégration sociale**.

SOCIOLOGIE

La conflictualité sociale : pathologie, facteur de cohésion ou moteur du changement social ?

FICHES

BILAN

SUJETS CORRIGÉS

28 Quelles sont les relations entre les conflits et le changement social ?

Depuis le XIXe siècle, les conflits ont longtemps été considérés comme moteurs du changement social. Aujourd'hui, les conflits sont souvent l'expression d'une résistance au changement social.

I Les conflits de classe au XIXe siècle

- Pour **Karl Marx**, le conflit fait partie de la vie sociale et traduit toujours une divergence profonde d'intérêts entre une classe dirigeante et une classe opprimée. Il est le **moteur principal** des changements sociaux et a par exemple permis, lors de la révolution de 1789, de passer de la société féodale à la société capitaliste.
- Les conflits du travail au XIXe siècle sont nombreux et permettent la construction du mouvement ouvrier et l'apparition des premiers syndicats. Les grèves et manifestations, parfois violentes, ont fait évoluer la législation du travail et permis des **avancées sociales**.

1864	Reconnaissance du droit de grève
1884	Reconnaissance du syndicalisme
1906	Repos hebdomadaire obligatoire

II Au XXe siècle, le conflit reste source de changement social

- Il y a conflit lorsque les relations entre acteurs sont **bloquées**. La rupture des relations habituelles entre ces acteurs met en évidence la nécessité de résoudre un problème et sa résolution peut être source de changement bénéfique à tous les acteurs (jeu à somme positive). Le conflit est donc, dans ce cas, **structurant**.
- Le conflit social exprime une opposition parfois violente entre acteurs sociaux, dont l'enjeu concerne la collectivité tout entière. L'**histoire du mouvement ouvrier** montre que des avancées importantes de la législation française du travail au XXe siècle ont fait suite à des conflits sociaux de grande ampleur.

- Progressivement, les conflits sociaux ont été **institutionnalisés** et **pacifiés** par des instances et des procédures ayant permis un règlement plus facile : syndicats, droit du travail… On parle de **régulation des conflits**.

Avancées importantes de la législation française du travail du XXe siècle faisant suite à des conflits sociaux de grande ampleur	
1936	Accords de Matignon : loi sur les congés payés et la semaine de 40 heures, institution des délégués du personnel et des conventions collectives
1945-1947	Ordonnances sur les comités d'entreprise, loi sur la sécurité sociale, les allocations familiales et les délégués du personnel
1968	Accords de Grenelle, hausse du SMIC et reconnaissance légale des syndicats d'entreprise

III Le conflit, facteur de résistance aux changements sociaux

- Quand le changement social génère des conflits, on dit que ce conflit est « **conservateur** » car il cherche à empêcher des modifications de comportements, de normes et de valeurs. C'est donc l'expression d'une **résistance** des individus au changement social. Il s'agit souvent d'un conflit corporatiste.

Un **conflit corporatiste** cherche à défendre des intérêts d'une profession au détriment des autres.

- Dans **l'entreprise**, la conflictualité traduit souvent la difficulté du management à mobiliser les acteurs vers le changement. Il s'agit alors de gérer le facteur humain et d'aboutir à un **compromis** entre l'efficacité (objectifs), l'efficience (moyens) et le sens des changements. Par exemple, l'objectif de rentabilité des entreprises a parfois obligé les salariés à accepter des mutations géographiques plus fréquentes.

- La résistance au changement social n'est pas toujours conservatrice. Il peut y avoir résistance à un changement de la législation du travail qui propose un **recul des acquis sociaux**. La résistance à la **réforme des retraites** (2010) en est un exemple. Ces conflits expriment aussi souvent une remise en cause du pouvoir et un manque de démocratie.

EN BREF

La théorie marxiste a placé le conflit au centre de son analyse du changement social : il en est le moteur. Aujourd'hui, le conflit est à la fois source de changement social et expression d'une résistance à celui-ci.

29 Le conflit : pathologie de l'intégration ou facteur de cohésion sociale ?

Quelle est la signification des conflits sociaux ? Quel rôle jouent-ils dans la société ?

I Le conflit, pathologie de l'intégration

L'intégration par le travail ou à la vie sociale peut parfois prendre des formes anormales, qualifiées de pathologiques, et engendrer des conflits.

1. Pathologie de la division du travail

- Pour **Durkheim**, la division du travail ne produit pas toujours de la solidarité organique → **Fiche 25** car elle peut prendre des formes **anormales** ou pathologiques. Il cite l'exemple de la domination du capital sur le travail dans la grande industrie qui bouleverse les relations du travail et engendre de nombreux conflits. Dans ces situations, les acteurs s'opposent et ne sont plus complémentaires.

La **pathologie** est à la fois une science, qui a pour objet l'étude des maladies, et un synonyme de maladie.

2. Pathologie de l'adaptation et de la communication

- Les **sociologues américains** mettent l'accent sur l'**adaptation de l'individu** à son milieu. Ils ont donc tendance à considérer que toute insatisfaction, toute révolte (conflit) contre le milieu est un **phénomène pathologique**. Par exemple, les violences dans les banlieues résulteraient d'un défaut d'intégration de la part de jeunes inadaptés à la vie sociale qui expriment leur mal-être.
- La conflictualité peut aussi résulter d'une **pathologie de la communication**. Le conflit naît de la difficulté des dirigeants à expliquer des décisions qui s'imposent et des crispations des exécutants devant toute remise en cause de leur situation, liée à la modernité et aux impératifs du marché du travail. Par exemple, la **privatisation de France Télécom** a généré des conflits car la direction n'a pas su bien expliquer aux salariés les changements dans l'organisation du travail et ceux-ci ont souvent adopté une position de refus.

II Le conflit, facteur de cohésion sociale

1. Des effets sur le lien social

- Le sociologue allemand **G. Simmel** met le premier en évidence la **dimension intégratrice des conflits sociaux**. Par exemple, un conflit du travail qui porte sur un refus de licenciement permet de définir une **cause commune** autour de laquelle on se confronte. Les grévistes découvrent la solidarité et sont obligés de mettre en place des règles pour aboutir à un accord.

- Le conflit assainit les relations au sein d'un groupe. Son apparition désamorce les tensions qui s'étaient accumulées entre les individus en relation. **Il préserve le groupe de la dissolution** qui entraînerait le retrait des participants frustrés par une relation d'hostilité qu'ils ne supportent plus.

- L'approche fonctionnaliste aboutit à des conclusions proches : le conflit peut contribuer à renforcer les liens sociaux, en poussant différents groupes à **s'allier**, en amenant les individus à **s'investir dans la vie publique** ou encore en obligeant les adversaires à **communiquer**. Les conflits du travail entre patronat et syndicats ont contribué à l'équilibre des relations sociales, surtout quand les règles du jeu ont été bien établies (institutionnalisation). Le tissu social se trouve renforcé.

Le **fonctionnalisme** est une théorie sociologique qui consiste en une lecture de la société comprise à partir des fonctions qui assurent sa stabilité (R. K. Merton et T. Parson).

2. Des effets individuels positifs

- Le conflit permet également d'accepter les autres, notamment des personnes auxquelles on s'oppose, tandis que la révolte permet d'éviter d'être complètement dominé. Par exemple, les mouvements pour la défense des sans-papiers ont permis à ces derniers de se regrouper et d'ouvrir des négociations avec des interlocuteurs issus des autorités gouvernementales.

- L'engagement apporte des liens de sociabilité, des connaissances et des compétences. Il restaure une **identité valorisante des individus**.

EN BREF

Le conflit peut, dans certains cas, être l'expression d'une pathologie de l'intégration mais il reste cependant un rouage essentiel du processus d'intégration sociale.

30 Comment la conflictualité sociale a-t-elle évolué depuis 1945 ?

Les conflits du travail régressent après la période de croissance des Trente Glorieuses, laissant la place à des conflits de type nouveau.

I Le déclin du mouvement central

- Dans la période 1945-1975, les conflits du travail occupent une place prépondérante et les syndicats, bien que divisés, sont puissants. Le **taux de syndicalisation** en France est supérieur à 25 % à la fin des années 1960 et la classe ouvrière (40 % de la population active) est unie et forte. On parle de **mouvement central** pour montrer l'importance des conflits du travail à cette époque. Par exemple, en 1968, la France a connu trois semaines de grève générale.

Un **syndicat** est un groupement professionnel ayant pour objet la défense matérielle de ses membres.

- À partir de la fin des années 1970, on observe une **régression des conflits du travail**. Sur la même période, le taux de syndicalisation passe de 27 % à 8,5 % : le **syndicalisme est en crise**.

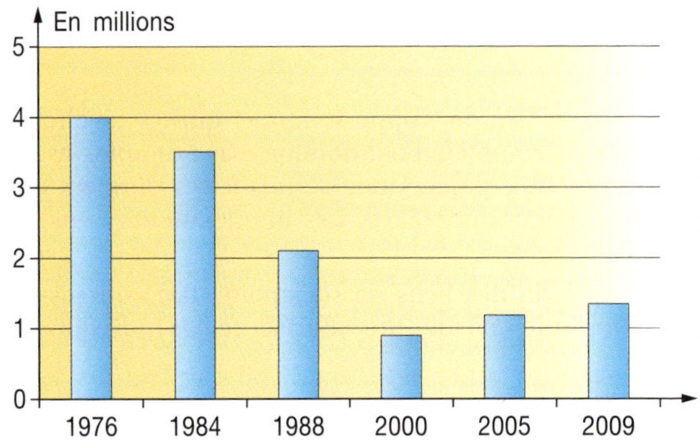

Doc. 1. Nombre de journées individuelles non travaillées pour fait de grève
Source : Insee.

■ Ce **déclin** s'explique d'une part par la menace du **chômage** qui pèse sur le climat social et, d'autre part, par le fait que les syndicats, toujours très divisés, ont mal intégré les changements dans la structure de l'emploi. Il est difficile de revendiquer des hausses de salaire alors que l'augmentation des **emplois précaires** (CDD, Intérim...) joue en défaveur des syndicats et que le monde salarial est plus dispersé (déclin de la grande industrie, essor du tertiaire et des PME). De plus, la **montée de l'individualisme** entraîne une moindre implication dans l'action collective.

II Les nouveaux mouvements sociaux

■ Apparues dans les années 1960-1970, de nouvelles luttes collectives sont désignées sous l'appellation **« nouveaux mouvements sociaux » (NMS)**. Dans les sociétés modernes **post-industrielles,** technocratiques et **post-matérialistes**, les besoins matériels étant supposés satisfaits, les préoccupations se tournent vers **d'autres besoins** et les appareils de décision économiques et politiques sont de plus en plus contestés.

Caractéristiques des NMS	Exemples
Organisation et répertoire d'action en rupture avec le fonctionnement syndical	« *Sit-in* », grève de la faim (sans-papiers), défilé festif (*Gay Pride*)...
Valeurs et revendications nouvelles : résistance au contrôle social, autonomie, épanouissement personnel...	Opposition aux réformes de l'enseignement ou aux lois contre l'homosexualité...
Rapport au politique différent : demande d'espaces d'autonomie et de démocratie	Luttes écologiques, mouvements des sans-papiers...
Nouvelle identité des acteurs : classes moyennes salariées et diplômées	Mouvements étudiants, féministes, écologiques, homosexuels...

■ Aujourd'hui, on assiste à un **retour des préoccupations économiques** et sociales qui s'éloignent de celles des NMS et sont traversées par les thématiques de pouvoir d'achat, du chômage, de précarité, d'exclusion. Les **conflits du travail restent nombreux**, mais ils n'apparaissent pas toujours dans les statistiques et prennent des formes différentes : pétitions, arrêts de travail d'une heure, distributions de tracts...

EN BREF

Les difficultés économiques de la fin du XXᵉ siècle ont fait reculer les conflits du travail, relayés par des conflits de type nouveau dont les revendications et les acteurs ne sont plus les mêmes. Aujourd'hui, on constate cependant un retour des revendications économiques autour du travail.

Quiz express

Vérifiez que vous avez bien retenu les points clés des **fiches 28 à 30**.

Quelles sont les relations entre les conflits et le changement social ?

1 Pour la théorie marxiste, les conflits...

☐ **a.** interviennent rarement dans la vie sociale.
☐ **b.** expriment une divergence d'intérêts entre groupes sociaux antagonistes.
☐ **c.** transforment la vie sociale.

2 Vrai ou faux ? Cochez la bonne case.

	VRAI	FAUX
a. Les conflits font partie de la vie sociale.	☐	☐
b. Les conflits du travail sont toujours violents.	☐	☐
c. Les syndicats existaient au XIXe siècle.	☐	☐
d. Le droit de grève existe depuis 1984.	☐	☐

3 L'institutionnalisation des conflits est un processus :

☐ **a.** d'opposition entre acteurs sociaux.
☐ **b.** de pacification des conflits.
☐ **c.** de blocage des relations sociales.
☐ **d.** de mise en place d'instances et de procédures de règlement.

Le conflit : pathologie de l'intégration ou facteur de cohésion sociale ?

4 Quels termes sont liés à la notion de pathologie ?

☐ **a.** La maladie
☐ **b.** La dimension socialisatrice
☐ **c.** L'inadaptation

5 Un conflit peut révéler une pathologie de l'intégration...

☐ **a.** parce que l'individu est mal adapté aux contraintes sociales.
☐ **b.** parce que les acteurs se retrouvent autour d'une cause commune.
☐ **c.** parce que la communication est impossible.
☐ **d.** parce qu'il faut s'investir dans la vie publique.

6 Reliez les termes à la notion de pathologie ou à celle de cohésion.

a. Mise en place de règles. •
b. Maintien d'un équilibre des relations sociales. •
c. Domination du capital sur le travail dans la grande industrie. •
d. Difficulté de communication. •
e. Défense d'une cause commune. •

• 1. Pathologie
• 2. Cohésion

7 Vrai ou faux ? Cochez la bonne case.

	VRAI	FAUX
a. Les conflits peuvent être intégrateurs.	☐	☐
b. Les conflits entraînent souvent la dissolution du groupe social.	☐	☐
c. Le conflit peut résulter d'une pathologie de la division du travail.	☐	☐
d. Le conflit est destructeur de l'identité personnelle.	☐	☐

SUJET 26

Comment la conflictualité sociale a-t-elle évolué depuis 1945 ?

8 La baisse des conflits du travail s'explique par :

☐ a. la disparition des ouvriers.
☐ b. la pression du chômage.
☐ c. la baisse des PME.
☐ d. la tertiarisation.
☐ e. la crise du syndicalisme.

9 On appelle nouveaux mouvements sociaux :

☐ a. un phénomène apparu dans les années 1950.
☐ b. une organisation en rupture avec celle des syndicats.
☐ c. de nouvelles luttes collectives.
☐ d. des mouvements qui cherchent à faire tomber le pouvoir politique.

SUJET 26

RÉPONSES

1. Seule a est fausse. • 2. a et c • 3. b et c • 4. Seule b est fausse. • 5. a et c • 6. a/2, b/2, c/1, d/1 et e/2 • 7. Seule b est vraie. • 8. b, d et e • 9. b et c

SUJET 26 | Mutations des conflits du travail | DISSERTATION

Quels sont les effets des mutations du travail sur les conflits du travail ?

DOCUMENT 1 Part des formes particulières d'emploi en pourcentage de l'emploi total (en %)

	1982	1990	2002	2007
Contrats à durée déterminée et saisonniers	3,7	4,8	6,6	7,1
Intérimaires	0,4	0,8	1,7	2,1
Stagiaires et contrats aidés	0,6	1,8	2,2	1,7
Apprentis	0,7	0,8	1,0	1,4
Ensemble des formes particulières d'emploi	**5,4**	**8,2**	**11,5**	**12,3**

Source : Insee, *L'emploi, nouveaux enjeux*, 2008.

DOCUMENT 2 Évolution des formes et des thèmes des conflits collectifs du travail

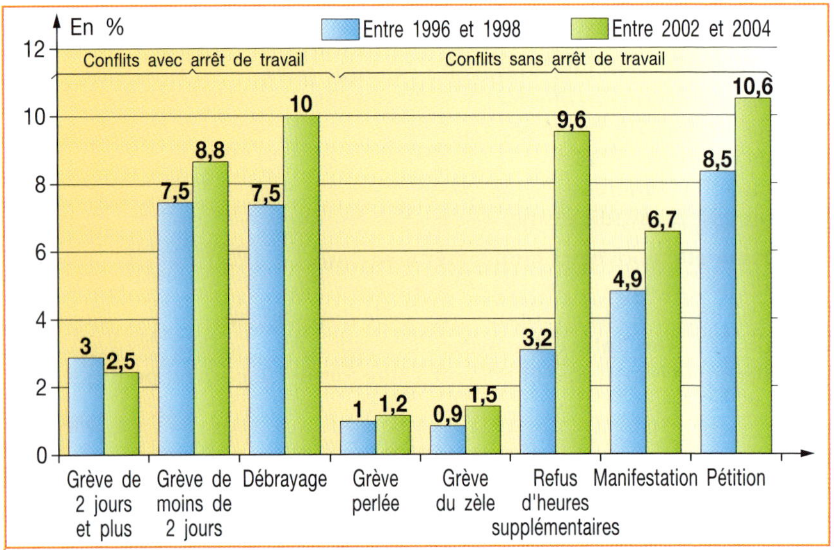

Source : Enquête REPONSE, in DARES, *Premières synthèses*, n°08.1, février 2007.
Champ : Établissement de 20 salariés et plus.
Lecture : 2,5 % des établissements de 20 salariés et plus déclarent avoir subi une grève d'au moins deux jours entre 2002 et 2004.

DOCUMENT 3 **Nombre de journées individuelles non travaillées pour fait de grèves dans les entreprises (tous secteurs hors agriculture et fonction publique) entre 1975 et 2004**

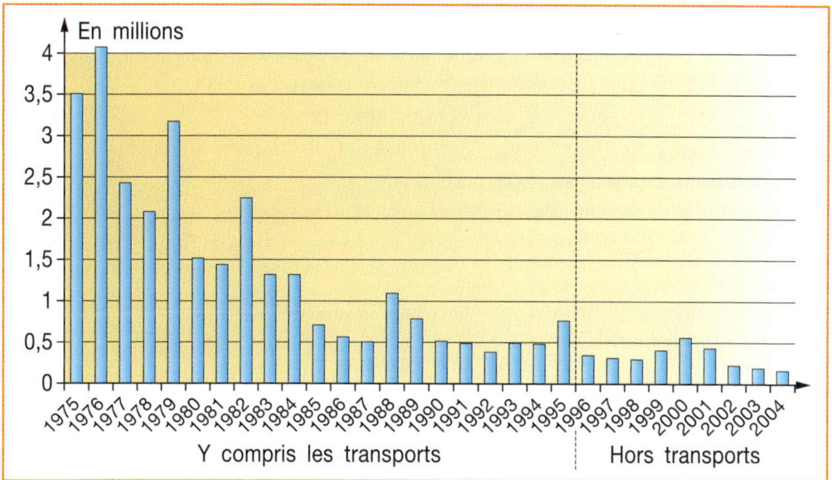

Source : ministère du Travail.

DÉMARRONS ENSEMBLE

- Vous devez, dans un premier temps, définir les notions clés du sujet : **travail, mutations du travail** et **conflits du travail**. Prenez en considération que le travail connaît aujourd'hui d'importantes **mutations**, notamment à travers l'émergence de nouvelles formes d'emploi qui ne sont pas sans conséquences sur les conflits du travail (oppositions entre les employeurs et les salariés).
- Il ne s'agit pas d'un sujet sur les mutations du travail ou sur les conflits du travail en général, mais d'un sujet qui vise à questionner les **effets** des mutations du travail sur les **conflits du travail**.
- Le sujet peut globalement se décomposer en **deux questions guides** :

– Les mutations du travail ont-elles induit une **baisse de la conflictualité** entre employeurs et salariés (aspect quantitatif) ?
– Les mutations du travail ont-elles transformé la **nature des conflits** du travail (aspect qualitatif) ?

CORRIGÉ

CORRIGÉ RÉDIGÉ

POINT MÉTHODE

Rédiger une introduction

- L'introduction constitue un moment fort de votre devoir. C'est la prise de contact avec votre correcteur qui lui donnera une **première impression** sur votre dissertation et sa construction. Il faut donc tout particulièrement soigner la rédaction de l'introduction en la rédigeant une première fois au brouillon.
- Votre introduction doit comporter **cinq éléments** :

– une **accroche** où il faut montrer l'actualité et la pertinence du sujet ;
– la **définition des termes** importants du sujet ;
– un **rappel du cadre spatio-temporel** sur lequel le sujet porte ;
– une **reformulation du sujet** sous la forme de questions (travail de problématisation) ;
– une **annonce du plan** dans laquelle vous précisez vos différentes parties (trois parties au maximum).

[INTRODUCTION]

- [AMORCE] La multiplication des conflits liés à des fermetures d'usines (faillites, délocalisations) semble marquer un certain renouveau des conflits du travail, même s'il est encore trop tôt pour conclure dans ce sens.
- [DÉFINITION DES TERMES DU SUJET] Les conflits du travail traduisent les **antagonismes** entre **salariés** et **employeurs** essentiellement. Ceux-ci constituaient, jusqu'aux années 1970, la source des principaux conflits dans les économies industrialisées. Mais les mutations du travail depuis les années 1970 sont caractérisées par la précarisation de l'emploi, l'intensification et l'individualisation du travail. Elles favorisent la flexibilité sur le marché du travail et modifient la conflictualité du travail. Il est donc légitime d'étudier les **effets de ces mutations** sur les conflits.
- [PROBLÉMATIQUE ET ANNONCE DU PLAN] Peut-on affirmer que les mutations du travail ont induit une baisse de la conflictualité du travail ? Ont-elles transformé ces conflits ? Si on peut faire le constat d'une baisse de la conflictualité du travail liée aux mutations du travail, il faudra, malgré tout, relativiser ce déclin.

I Une baisse certaine de la conflictualité du travail liée aux mutations du travail

1. Le constat sur la conflictualité du travail

- La conflictualité du travail peut être mesurée par le nombre de **journées individuelles non travaillées (JINT)** correspondant aux journées de grève.

Les conflits du travail sont en régression depuis la fin des années 1970. Le nombre de JINT (hors agriculture et fonction publique) était toujours supérieur à deux millions dans les années 1970 ; il se situe aux alentours de 500 000 (à l'exception de 1995) dans les années 1990 (document 3).

- Le déclin de la conflictualité est plus marqué en période de **ralentissement économique**. Ainsi, en 1992, le nombre de JINT est inférieur à 400 000. Ceci est également vrai pour le début des années 2000.

Il est important de toujours justifier votre propos en citant des **données statistiques** qui sont présentes dans les documents et d'indiquer dans quel document vous les avez trouvées.

2. Ce constat peut s'expliquer par les mutations du travail

- Le déclin de la conflictualité est corrélé aux **évolutions des formes d'emploi**. En effet, la part des formes particulières d'emploi dans l'emploi total a été multipliée par 2,3 entre 1982 et 2007. Parmi celles-ci, c'est la part des emplois à durée déterminée et saisonniers dans l'emploi total qui a augmenté le plus fortement (3,7 % en 1982 et 7,1 % en 2007) (document 1). La multiplication des emplois atypiques est une conséquence de la **montée du chômage** au cours de cette période. Elle contraint les travailleurs à accepter des emplois précaires ou à un temps partiel imposés par les entreprises en quête de flexibilité.

- La multiplication des **emplois précaires** n'est pas favorable à **la mobilisation sociale** des salariés. Placés dans une grande incertitude quant à leur avenir dans l'entreprise, les salariés occupant des formes particulières d'emploi ne sont pas incités à faire valoir leurs revendications, notamment en ce qui concerne les salaires et les conditions de travail. De la même façon, le maintien d'un taux de chômage à un niveau élevé est un facteur de démobilisation et peut expliquer le déclin des conflits du travail.

Si nous avons pu montrer que les mutations du travail favorisaient un certain déclin de la conflictualité du travail, il faut, cependant, le relativiser.

II Les mutations du travail n'ont pas uniquement pour effet une diminution des conflits du travail

1. L'émergence de nouvelles formes de conflits du travail

- Les données statistiques sur les **conflits du travail** mesurés par le nombre de journées de grèves indiquent bien une baisse de l'intensité de la conflictualité : seulement 2,5 % des entreprises de 20 salariés et plus déclarent avoir subi une grève de deux jours et plus entre 2002 et 2004, contre 3 % d'entre elles entre 1996 et 1998 (document 2). Mais ces données masquent une transformation qualitative de la conflictualité. En effet, **les conflits se transforment**. Ils se situent plus à un niveau local et sont plus ponctuels. Ainsi, 10 % des entreprises de 20 salariés et plus ont été confrontées à un débrayage entre 2002 et 2004 ; elles n'étaient que 7,5 % entre 1996 et 1998 soit une augmentation de 2,5 points. De la même façon, la part des entreprises ayant subi une grève de moins de deux jours a augmenté entre les deux périodes.

La **différence entre deux pourcentages** s'exprime en **points** de pourcentage.

- De nouvelles formes de conflits du travail se développent. Les conflits du travail sans arrêt de travail (sous toutes leurs formes : grève du zèle, manifestations, etc.) concernent une part croissante des entreprises.

2. Des revendications en lien avec les mutations du travail

- Dans un contexte d'incertitude face à l'emploi et de faible croissance des salaires, les nouvelles formes de conflits sont privilégiées car elles n'ont pas de conséquences financières. L'émergence de ces conflits peut s'interpréter au regard de la faible croissance économique et des fortes **incertitudes face à l'emploi**. Ces évolutions peuvent apparaître comme les conséquences des mutations du travail, comme par exemple la mise en place des 35 heures.
- L'encadrement syndical des conflits est devenu moins important et est lié à la perte d'influence des syndicats dans les entreprises. Le taux de syndicalisation a effectivement fortement diminué ces trente dernières années.

3. Mutations du travail et désyndicalisation

- Ces trente dernières années, **le taux de syndicalisation en France** a baissé. Il est aujourd'hui de 7 %. De nombreux facteurs sont à l'origine de ce processus de désyndicalisation, mais la peur du chômage et la précarisation de l'emploi sont des facteurs défavorables à l'adhésion syndicale.
- La perte d'influence des syndicats n'est pas sans effet sur la conflictualité liée au travail : nouvelles formes de conflits, revendications parfois plus radicales car plus spontanées et moins encadrées...

[CONCLUSION]

- [RÉPONSE À LA PROBLÉMATIQUE] La plus grande **précarité du travail** dans les pays développés depuis les années 1980 a entraîné des mutations des conflits du travail. On observe, sur le long terme, une baisse de la conflictualité du travail mesurée par le nombre de journées individuelles non travaillées. Mais les **mutations du travail** ont aussi des effets sur les **formes des conflits** du travail et sur l'évolution du taux de syndicalisation.
- [OUVERTURE] Ces évolutions indiquent finalement que le déclin des conflits n'est peut-être que relatif. Les **relations sociales**, l'**emploi**, les **salaires** sont donc toujours aujourd'hui des thèmes centraux des conflits liés au travail.

Comment les pouvoirs publics peuvent-ils contribuer à la justice sociale ?

FICHES

BILAN

SUJETS CORRIGÉS

31 Quels sont les fondements des politiques de lutte contre les inégalités ?

La lutte contre les inégalités répond à une exigence de justice sociale, elle-même fondée sur la recherche de l'égalité entre les hommes.

I Une exigence de justice sociale

- La justice sociale répond à une exigence de répartition équitable des droits sociaux et des devoirs au sein d'une collectivité en fonction de la situation personnelle des individus. On dit que c'est une **construction politique** car elle est le résultat d'une série de choix collectifs.
- C'est aussi une **construction morale** car elle s'appuie sur des principes comme l'égalité des droits ou l'égalité des chances, principes eux-mêmes guidés par des **valeurs sociales**. Par exemple, en France, le principe d'égalité des droits devant l'accès aux soins a favorisé la mise en place d'une sécurité sociale publique (choix politique).

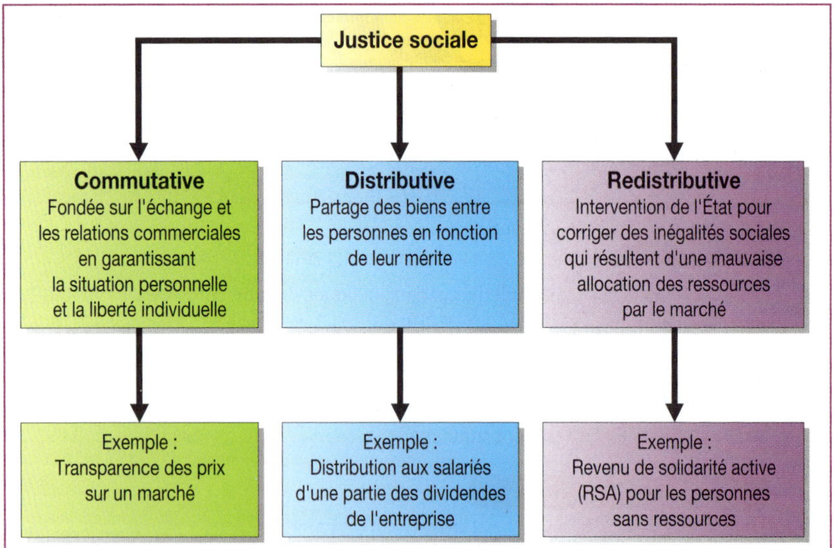

Doc. 1. Trois approches de la justice sociale

II Qu'est-ce que l'égalité ?

■ Pour **Alexis de Tocqueville** (1805-1859), la démocratie n'est pas seulement un système politique fondé sur le suffrage universel. C'est un véritable État social fondé sur le **principe d'égalité** et l'**égalité des conditions**.

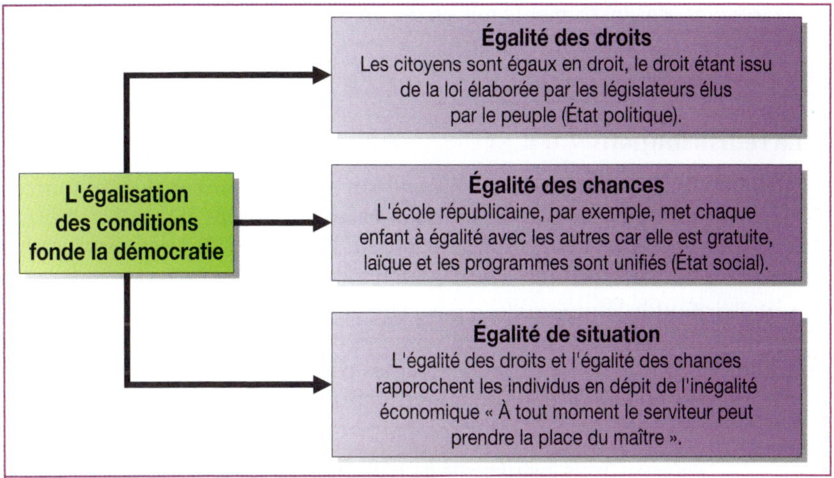

Doc. 2. **L'égalisation des conditions selon Tocqueville**

■ L'égalité se heurte à la **discrimination**, qui consiste en une différence de traitement entre les individus en raison d'un critère défini par la loi, tel que l'âge, le sexe, la couleur de peau, l'apparence physique ou le handicap. La discrimination est donc en rupture avec les principes qui fondent l'égalité.

■ Le principe d'égalité présente des limites. Dans les faits, l'inégalité a de multiples racines dont l'une des plus importantes est liée à l'**origine** et à la **situation sociale** de chacun. Par exemple, la réussite scolaire est liée en partie à la dotation inégale des familles en capital culturel et économique → **Fiche 24**. La justice distributive s'appuie sur l'égalité des chances et la justice redistributive devra corriger les inégalités.

L'**égalité des chances** suppose que les citoyens sont placés dans les mêmes conditions de départ, ce qui rend possible la mobilité sociale.

EN BREF

La justice sociale s'appuie sur des principes démocratiques d'égalité des droits, des chances et des situations. Lutter contre les inégalités suppose aussi de lutter contre les discriminations.

32 Comment les pouvoirs publics contribuent-ils à la justice sociale ?

La nécessité de redistribuer les revenus pose la question des types de redistribution, des instruments mis en œuvre, ainsi que de leur efficacité.

I Les instruments de la justice sociale

1. La redistribution

- La **redistribution verticale** est fondée sur le prélèvement des ressources (sous forme d'impôts) auprès des catégories les plus aisées et la redistribution vers les plus pauvres. Par exemple, l'impôt sur la fortune (ISF) pénalise les plus riches et les bourses d'études avantagent les familles modestes.
- La **redistribution horizontale** repose sur un système cotisations/prestations permettant d'assurer un revenu de remplacement en cas de risques sociaux (maladie). Elle est dite « horizontale » car les cotisations de certaines catégories (actifs occupés) financent les prestations d'autres catégories (chômeurs, retraités).

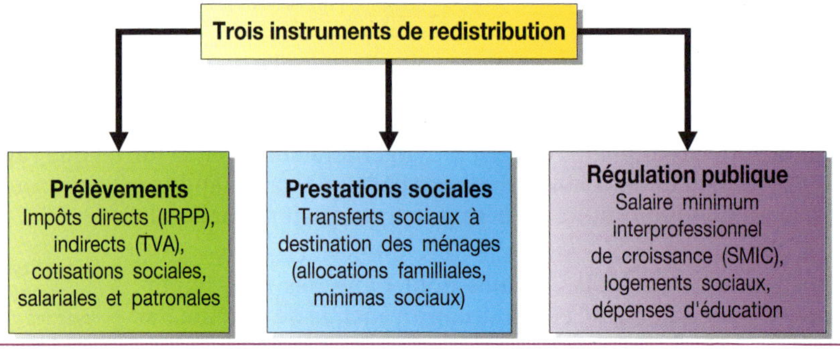

Doc. 3. Les instruments de redistribution

2. La lutte contre les discriminations

- Lutter contre les discriminations consiste d'abord et avant tout à faire **appliquer la loi** (exemple : la loi sur la parité hommes/femmes en politique).
- L'État peut aussi choisir d'avoir recours à la **discrimination positive** avec la mise en place de mesures destinées à permettre le rattrapage de certaines inégalités en favorisant un groupe plutôt qu'un autre (par exemple, favoriser l'accès aux IUP à certains bons élèves issus de milieux défavorisés).

II Les politiques de protection sociale

- **Une logique d'assurance.** Lorsque la protection sociale est basée sur une logique d'assurance, chacun s'assure grâce à ses **cotisations** qui sont partagées avec les employeurs et ceci de façon collective et obligatoire. La redistribution est horizontale. On nomme ce **système bismarckien** du nom du chancelier Bismarck qui l'a mis en œuvre pour la première fois en 1880.

- **Une logique d'assistance.** Ce modèle de protection sociale est basé sur le principe d'assistance collective et obligatoire entre individus, et est destiné aux gens démunis, sans contrepartie. L'État, par le biais des impôts, finance les aides en fonction de la situation sociale de chacun. La redistribution est verticale. On nomme ce **système beveridgien** du nom de Lord Beveridge qui l'a instauré en Grande-Bretagne en 1942.

La **protection sociale** fondée sur l'idée d'une solidarité nationale, garantit des ressources aux individus placés dans des circonstances particulières (maladie, accident, etc.)

III Les politiques de redistribution sont-elles efficaces ?

- Les néolibéraux jugent que les **prestations** n'incitent pas au travail et que les prélèvements obligatoires nuisent à l'efficacité économique.

- L'action des pouvoirs publics s'exerce sous la contrainte des dépenses publiques. Alors que l'on constate en France, au XXIe siècle, l'irrésistible **ascension des dépenses publiques** (dépenses sociales, d'éducation, pour l'emploi…), les recettes de l'État diminuent et financent avec difficulté ces dépenses.

- La redistribution est néanmoins absolument indispensable car elle améliore les revenus des plus démunis et maintient la **cohésion sociale**. D'un point de vue économique, elle est un soutien essentiel à la consommation.

Les **prélèvements obligatoires** sont constitués des recettes de l'État (impôts et taxes) et des organismes publics de protection sociale (cotisations). En 2013, ils représentent 52,9 % du PIB.

EN BREF

Les politiques de redistribution et de lutte contre les discriminations sont indispensables pour répondre aux exigences de justice sociale, mais leur efficacité est souvent contestée.

Quiz express

Vérifiez que vous avez bien retenu les points clés des **fiches 31 et 32**.

Quels sont les fondements des politiques de lutte contre les inégalités ?

1 Lesquelles de ces affirmations sont vraies ?

- ☐ **a.** La justice sociale exige des droits et des devoirs.
- ☐ **b.** La justice sociale n'a pas de rapport avec la politique.
- ☐ **c.** Justice distributive et justice redistributive signifient la même chose.

2 L'égalité, selon Tocqueville :

- ☐ **a.** est un État économique.
- ☐ **b.** rapproche les individus.
- ☐ **c.** est l'un des fondements de la démocratie.
- ☐ **d.** égalise les conditions.

3 Reliez les propositions comme il convient.

a. Égalité des chances •	• **1.** Elle met chaque citoyen dans les mêmes conditions de départ.
b. Égalité des droits •	• **2.** Elle résulte du choix du législateur.
c. Égalité des situations •	• **3.** Elle rapproche les individus.
	• **4.** Elle s'applique à l'école publique.

4 Quels termes sont liés à la justice distributive (JD), redistributive (JR) ou commutative (JC) ?

a. Liberté individuelle •	• **1.** JD
b. Compétition égale •	• **2.** JR
c. Impôt sur le revenu •	• **3.** JC
d. RSA •	

Comment les pouvoirs publics contribuent-ils à la justice sociale ?

5 Lesquelles de ces affirmations sont vraies ?

- ☐ **a.** La réussite scolaire n'est pas liée exclusivement au mérite.
- ☐ **b.** Inégalité et discrimination signifient à peu près la même chose.
- ☐ **c.** Les critères de discrimination sont, en général, définis par la loi.

6 **Reliez chaque mesure de redistribution à l'un de ces trois instruments : prélèvements (P), prestations sociales (PS), régulation publique (RP).**

a. TVA •	
b. Timbre fiscal •	
c. RSA •	• **1.** P
d. Allocation de rentrée scolaire •	• **2.** PS
e. Hôpital public •	• **3.** RP
f. IRPP •	
g. Éclairage public •	

7 **Lesquelles de ces affirmations sont vraies ?**

- ☐ **a.** La loi sur la parité hommes/femmes fait partie de la lutte contre les discriminations.
- ☐ **b.** La loi permet de lutter contre les discriminations indirectes.
- ☐ **c.** Favoriser un groupe social plutôt qu'un autre peut être de la discrimination positive.

8 **Reliez chaque terme à la redistribution verticale (RV) ou à la redistribution horizontale (RH).**

a. Cotisations sociales •	
b. Pensions de retraite •	• **1.** RV
c. Bourses d'études •	• **2.** RH
d. Remboursement d'actes médicaux •	
e. ISF •	

9 **Quels termes sont liés à la logique d'assurance ?**

- ☐ **a.** Cotisations
- ☐ **b.** RSA
- ☐ **c.** Retraite par répartition
- ☐ **d.** Bismarck

10 **Quelles expressions sont liées à la logique d'assistance ?**

- ☐ **a.** Modèle universaliste
- ☐ **b.** Système beveridgien
- ☐ **c.** Redistribution horizontale
- ☐ **d.** Cotisations chômage

SUJET 27

RÉPONSES

1. Seule a est vraie. • **2.** b, c et d • **3.** a/1 et 4 ; b/2 ; c/3 • **4.** JC : a ; JD : b ; JR : c et d • **5.** a et b sont vraies. • **6.** P : a, b et f ; PS : c et d ; RP : e et g • **7.** a et c sont vraies. • **8.** RV : c et e ; RH : a, b et d • **9.** a et c • **10.** a et b

SUJET 27 | Action des pouvoirs publics et lutte contre les inégalités

DISSERTATION

L'action des pouvoirs publics permet-elle de réduire les inégalités ?

DOCUMENT 1 Protection sociale et inégalités dans quelques pays de l'Union européenne

	Dépenses de protection sociale en % du PIB (2006)	Taux de pauvreté (au seuil de 60 % du revenu médian) avant transferts sociaux en 2007 (%)	Taux de pauvreté (au seuil de 60 % du revenu médian) après transferts sociaux en 2007 (%)	Rapport interquintile de revenu[1] en 2007
France	31,1	26	13	3,8
Suède	307	28	11	3,4
Pays-Bas	29,3	21	10	4
Allemagne	26,7	25	15	5
Moyenne UE27	26,9	25	16	4,0
Italie	26,6	24	20	5,5
Royaume-Uni	26,4	30	19	5,5
Finlande	26,2	29	13	3,7
Hongrie	22,3	29	12	3-7
Espagne	20,9	24	20	5,3
Pologne	19,2	27	17	5,3
Rép. tchèque	18,7	20	10	3,5
Irlande	18,2	33	18	4,8
Roumanie	14,0	31	25	7,8

Source : Eurostat, 2009.

1. Un quintile correspond à 20 % de la population. Le revenu correspond au revenu disponible brut.

DOCUMENT 2 Prestations sociales et marché du travail

	Pourcentage du salaire couvert par les allocations chômage[1] (2007)	Prestations sociales par habitant en PPA[2] exprimées en % du PIB/hab. PPA (2006)	Taux de chômage en % (2008)	Taux d'emploi des 15-64 ans[3] en % (2008)
Royaume-Uni	12,1	25,5	5,4	72,7
Allemagne	23,7	27,0	7,6	70,2
Italie	31,7	25,5	6,8	58,7
Suède	32,4	30,7	6,2	75,7
Pays-Bas	33,9	27,6	3	76,1
Finlande	34,1	25,8	6,3	71,9
Espagne	35,9	20,5	11,4	65,3
Irlande	37,2	15,8	5,3	68,1
France	39	29,8	7,4	64,6

Sources : *Employment Outlook*, OCDE, 2009 ;
Comptes nationaux et conditions de vie de bien-être, Eurostat, 2009.

1. Lecture : un chômeur au Royaume-Uni qui vient de perdre son emploi perçoit une allocation chômage qui couvre en moyenne 12,1 % de son dernier salaire.
2. La parité de pouvoir d'achat (PPA) est un taux de conversion entre monnaies qui permet d'éliminer l'effet des différences de niveau des prix entre pays.
3. Taux d'emploi = (Population active occupée des 15-64 ans / Population des 15-64 ans) × 100.

DOCUMENT 3

D'une façon générale, la discrimination positive peut être définie comme l'ensemble des techniques visant à traiter différemment des individus jugés être dans des situations particulièrement défavorables. […]

En France, une certaine forme de discrimination positive a déjà été appliquée. […] Elle s'intègre par exemple dans la politique de la ville, via les zones d'éducation prioritaire, ou dans celle de l'emploi, via la mise en place de contrats aidés à destination de publics spécifiques comme les chômeurs de longue durée, les allocataires de minima sociaux. Elle a été aussi récemment développée dans l'éducation supérieure. En effet, l'Institut des sciences politiques de Paris a innové au début des années 2000 en facilitant l'entrée d'étudiants scolarisés dans les lycées de banlieues défavorisées par le biais de « conventions prioritaires » contractées avec certains lycées.

Hélène Périvier, « Panorama des différents types de lutte contre les inégalités »,
Cahiers français n° 351, juillet-août 2009.

DÉMARRONS ENSEMBLE

- Il s'agit d'un **sujet à énoncé-débat** qui vous invite à vous interroger sur la capacité des pouvoirs publics à lutter contre les inégalités économiques et sociales.
- Dans un premier temps, vous examinerez comment l'action des pouvoirs publics est un moyen de réduction des inégalités. Dans un second temps, **vous nuancerez votre propos** en montrant que l'action des pouvoirs publics sur les inégalités peut être limitée.
- Pour vous aider à analyser les documents et à mobiliser vos connaissances, vous pouvez prendre appui sur les deux questions guides suivantes :

– Par **quels moyens** les pouvoirs publics contribuent-ils à réduire les inégalités ?
– Quelles sont **les limites de l'action** des pouvoirs publics sur la réduction des inégalités ?

CORRIGÉ

CORRIGÉ RÉDIGÉ

[INTRODUCTION]

- [AMORCE] Les niveaux parfois extravagants de rémunération de certains dirigeants ou, de façon plus générale, la forte augmentation des revenus des plus riches, en particulier dans cette période de difficultés économiques et de rigueur, contribuent à **remettre d'actualité le débat** sur les **inégalités** et les difficultés des pouvoirs publics pour lutter contre elles.
- [DÉFINITION DES TERMES DU SUJET] Les **inégalités** peuvent être définies comme des différences dans l'accès aux ressources matérielles et symboliques valorisées socialement. L'**action publique** désigne l'ensemble des mesures prises par les pouvoirs publics, État et collectivités locales, afin d'atteindre les objectifs politiques qu'ils se sont donnés.
- [PROBLÉMATIQUE ET ANNONCE DU PLAN] La lutte contre les inégalités est l'un des objectifs traditionnels des politiques publiques. Mais dans quelle mesure l'action des pouvoirs publics permet-elle de réduire les inégalités ? Après avoir montré comment l'action publique en France permet de lutter contre les inégalités, nous analyserons **les limites** de cette action.

I L'action des pouvoirs publics contribue à réduire les inégalités en France

1. La redistribution des richesses mise en œuvre par les pouvoirs publics favorise la baisse des inégalités de revenu

- Le **système de protection sociale** permet la redistribution des richesses par le biais des **prélèvements obligatoires** (impôts et cotisations sociales), qui peuvent servir à financer des prestations sociales versées en expression de la solidarité nationale (allocations familiales) ou lors de la réalisation de certains **risques sociaux** (maladie, invalidité, chômage, etc.). Ces opérations de répartition secondaire permettent en principe d'atténuer les inégalités de revenu.

- En 2006, la France consacrait 4,5 points de PIB de plus que l'Italie à des dépenses de protection sociale, et parvenait ainsi à diviser par 2 son **taux de pauvreté**, défini à 60 % du revenu médian, par les transferts sociaux opérés, alors que l'Italie ne réussissait à le réduire que d'un sixième. De même, le rapport interquintile en France est moins élevé qu'en Italie (3,8 contre 5,5) (document 1).

> L'exploitation des **données statistiques** permet de justifier son argumentation.

2. L'action des pouvoirs publics peut s'effectuer en amont de la redistribution et au niveau des services publics

- Les pouvoirs publics agissent sur la **répartition primaire des revenus**. L'État peut d'abord agir sur les inégalités de revenu résultant de la répartition primaire des richesses en fixant un niveau minimum de salaire, voire en encadrant les rémunérations dans le cadre d'accords sociaux comme les conventions collectives en France.

> Le **SMIC** est versé aux salariés par leurs employeurs, mais c'est l'État qui fixe son niveau.

- Les **services publics ou collectifs** contribuent aussi à réduire les inégalités dans les conditions de vie. En effet, l'État peut mobiliser une partie des prélèvements obligatoires pour assurer le **financement d'une production non marchande** (enseignement, hôpitaux publics, services publics de la culture...).

II Mais cette action publique se révèle inefficace pour réduire certains types d'inégalités

1. La résistance des inégalités face à l'emploi

- En dépit de politiques égalitaristes en matière de formation et d'accès aux droits, des inégalités persistent sur le marché du travail. Les femmes, les jeunes, les personnes handicapées ou d'origine étrangère sont parfois victimes de **discriminations** (taux de chômage plus élevé, temps partiel plus fréquent, etc.).

■ La protection sociale peut avoir des effets pervers sur l'emploi. Conformément à la théorie néoclassique du marché du travail, un niveau élevé d'indemnisation du chômage s'accompagne parfois d'un taux de chômage important, par exemple en Espagne (35,9 % et 11,4 %) et, dans une moindre mesure, en France (39 % et 7,4 %) (document 2).

■ De même, une part importante de la richesse créée destinée aux prestations sociales peut correspondre également à un faible taux d'emploi (cas de la France, avec 29,8 % et 64,6 %).

Il est possible d'insister, en se référant à la **théorie néoclassique** du marché du travail, sur les effets potentiellement désincitatifs de l'action des pouvoirs publics.

2. La persistance d'inégalités résultant de discriminations

■ Certaines inégalités ne peuvent être supprimées par les politiques traditionnelles basées sur le **principe d'égalité**. Ces politiques consistent à attribuer les mêmes ressources et les mêmes droits à tous, quelle que soit la situation de départ de chacun. Si ces politiques basées sur le principe d'égalité sont insuffisantes, il est fréquent que les dotations collectives viennent renforcer l'avantage possédé par certains au départ, comme par exemple dans le domaine des pratiques culturelles ou de l'éducation.

■ La mise en œuvre de zones d'éducation prioritaire s'inscrit par exemple dans la volonté de créer des **discriminations positives** (document 3), qui consistent à donner davantage de droits ou de ressources à des individus appartenant à des groupes sociaux identifiés comme désavantagés (membres de minorités, femmes, handicapés, etc.). Il s'agit alors de raisonner en termes d'équité, en donnant plus à ceux qui ont moins au départ, pour éviter la reproduction sociale et limiter certaines formes d'inégalités économiques, sociales et politiques.

La notion d'**équité** conduit à s'interroger sur ce qui est juste ou injuste.

[CONCLUSION]

■ [RÉPONSE À LA PROBLÉMATIQUE] Les pouvoirs publics contribuent donc à réduire les inégalités par diverses actions, tant au niveau de la redistribution de richesses que d'une action directe sur la répartition primaire, ou indirectement par la mise à disposition de services non marchands. Cependant, cette action se révèle parfois limitée pour compenser certaines inégalités, qui nécessitent alors de renouveler l'intervention publique en la basant sur le principe d'équité.

■ [OUVERTURE] D'autres difficultés se posent alors, car certains membres des classes moyennes se sentent désavantagés par la discrimination positive et la contestent.

REGARDS CROISÉS

Comment s'articulent marché du travail et gestion de l'emploi ?

FICHES

BILAN

SUJETS CORRIGÉS

33 Comment les néoclassiques analysent-ils le marché du travail ?

L'approche néoclassique occupe une place dominante dans l'explication du chômage.

I Qu'est-ce que le marché du travail ?

1. Travail et emploi ne sont pas synonymes

- Le marché du travail est le **lieu de rencontre de l'offre** et de la **demande de travail** et le lieu où se fixe son prix, le salaire. Le travail correspond à l'activité rémunérée de l'homme.
- Un **emploi** désigne une place dans la production (ce n'est pas juste une activité rémunérée) ; il donne un statut, une place dans la société.

	Offre	Demande
Travail	Population active	Organisations productives
Emploi	Organisations productives	Population active

2. Les déterminants de l'offre et de la demande de travail

- Les **déterminants de l'offre** :
  - facteurs démographiques : évolution de la population totale ;
  - facteurs juridiques : âge de la scolarité obligatoire, âge de la retraite ;
  - facteurs sociaux : taux d'activité des femmes, durée des études.
- Les **déterminants de la demande** :
  - facteurs économiques : volume de la production à réaliser pour répondre à la demande et coût du travail (salaire brut et cotisations sociales patronales) ;
  - facteurs techniques : degré d'intensité capitalistique qui dépend du choix de la combinaison productive et du progrès technique ;
  - facteurs juridiques : durée légale du travail, salaire minimum, conventions collectives.

II L'analyse néoclassique du marché du travail

1. Le cadre de la concurrence pure et parfaite (CPP)

Les néoclassiques raisonnent dans le cadre de la **concurrence pure et parfaite** : atomicité de l'offre et de la demande (nombreux offreurs et demandeurs), homogénéité des produits, fluidité, transparence du marché (information parfaite) et parfaite mobilité des facteurs de production.

2. Le marché du travail, un marché comme un autre

- La quantité de travail échangée et le prix de cette marchandise (**taux de salaire réel**) sont déterminés par la confrontation entre l'offre et la demande.
- Plus le salaire est élevé, plus **l'offre de travail** est importante.
- La **demande de travail** dépend de la productivité marginale du travail et du salaire réel. Elle est une fonction décroissante du salaire réel.
- L'intersection entre demande et offre de travail détermine le **salaire d'équilibre** pour lequel il y a plein emploi : tous ceux qui désirent travailler pour ce salaire trouvent à s'employer, le chômage est « volontaire » (les individus ne trouvent pas d'emploi car ils n'acceptent pas le taux de salaire d'équilibre).
- **Toute violation des conditions de CPP engendre un déséquilibre** sur le marché du travail. Si une réglementation publique fixe le salaire au-dessus de son niveau d'équilibre (S1), cela favorise le chômage.

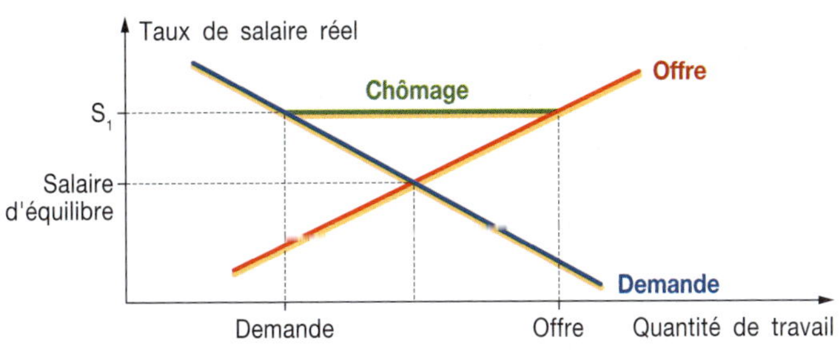

Doc. 1. Le marché du travail selon les néoclassiques

EN BREF

Les néoclassiques ont proposé une analyse du marché du travail qui permet d'expliquer les situations de chômage, mais cette présentation ne décrit pas le comportement réel des agents.

34 Pourquoi l'analyse néoclassique est-elle insuffisante pour expliquer le chômage ?

Alors que l'analyse néoclassique du chômage repose sur l'hypothèse que le marché du travail est un marché de concurrence pure et parfaite (CPP), il semble en fait que, sur ce marché, les conditions de la CPP ne soient pas réunies.

I Le facteur travail est hétérogène

Si, pour les néoclassiques, il n'existe qu'un marché du travail, la réalité est plus complexe. Il existerait en fait plusieurs marchés du travail cloisonnés (**segmentation du marché du travail**). Certaines analyses mettent en évidence l'existence de deux marchés : le **marché primaire** et le **marché secondaire**.

L'**école néoclassique**, qui apparaît à la fin du XIXe siècle, montre que les mécanismes du marché jouent un rôle régulateur et considère que l'État ne doit intervenir que faiblement.

1. Le marché primaire

- Le marché primaire est constitué des **emplois salariés typiques** : temps complets avec un employeur unique, contrats de travail à durée indéterminée (CDI), relative stabilité et sécurité de l'emploi avec de nombreux avantages (salaires élevés, promotions, avantages sociaux).
- On note sur ce marché une surreprésentation des **actifs masculins de plus de 25 ans et de nationalité française**. Le niveau de qualification est relativement élevé et les actifs disposent d'expérience professionnelle.

2. Le marché secondaire

- On trouve sur ce marché les **salariés qui occupent des formes particulières d'emploi** [emplois précaires (intérim, CDD, contrats aidés et apprentissage) et emplois à temps partiel] et cumulent des inconvénients : salaires faibles, pas d'ancienneté, peu d'avantages sociaux et insécurité de l'emploi.
- **Les salariés concernés** par le marché secondaire sont des femmes, des actifs jeunes ou d'origine étrangère. Ils ont souvent un faible niveau de qualification et une expérience professionnelle inexistante ou insuffisante.

En 2011, parmi **les moins de 25 ans**, la part des formes particulières d'emploi est de 49,8 % contre 11,9 % pour l'ensemble des salariés (Insee).

II La loi du marché n'explique pas la fixation des salaires

Si, pour les néoclassiques, le salaire est déterminé par la confrontation entre offre et demande de travail, il semble qu'il existe des rigidités dans la fixation des salaires.

1. La présence de rigidités sur le marché du travail

L'intervention croissante de l'**État** → Fiche 35 constitue une **entrave au libre fonctionnement des marchés**. Cette intervention prend plusieurs formes (compromis fordiste, instauration de conventions collectives, fixation d'un salaire minimum, indexation des salaires sur l'inflation...) et expliquerait la rigidité à la baisse des salaires et le chômage, le salaire réel étant fixé à un niveau supérieur au salaire d'équilibre.

2. Une information imparfaite

- Sur le marché du travail, contrairement à une des hypothèses de la CPP, **l'information n'est pas parfaite**. C. Shapiro et J. Stiglitz ont montré que, dans le cas du contrat de travail, le salarié connaît mieux l'effort productif qu'il fournit que son employeur. En conséquence, l'entreprise peut avoir intérêt à verser des salaires plus élevés que le salaire d'équilibre pour inciter les salariés à être plus productifs. L'information imparfaite génère un **salaire d'efficience** rigide plus élevé que celui versé en information parfaite.
- Ce n'est pas la productivité qui détermine le salaire (comme chez les néoclassiques) mais le salaire qui détermine la productivité. Le niveau de **salaire n'obéit pas à une logique de marché** résultant de la confrontation d'une offre et d'une demande de travail, mais à des impératifs d'efficacité productive.

En 2001, G. Akerlof, M. Spence et **J. Stiglitz** ont reçu le prix Nobel de Sciences économiques pour leurs travaux sur les **marchés avec asymétrie d'information** : certains agents économiques détiennent davantage d'informations que leur contrepartie.

EN BREF

L'hétérogénéité du facteur travail et la présence de rigidités dans la fixation des salaires remettent en cause l'analyse néoclassique du chômage.

35 Comment la condition salariale a-t-elle évolué au xxe siècle ?

Au cours du siècle dernier, le salariat a connu de profondes mutations, marquées par son extension et la transformation de la condition salariale.

I L'extension du salariat au xxe siècle

■ Le xxe siècle se caractérise par une très forte **montée du salariat** (ensemble des salariés) en France : 88,4 % des actifs sont salariés en 2011 contre 56 % au début du siècle dernier.

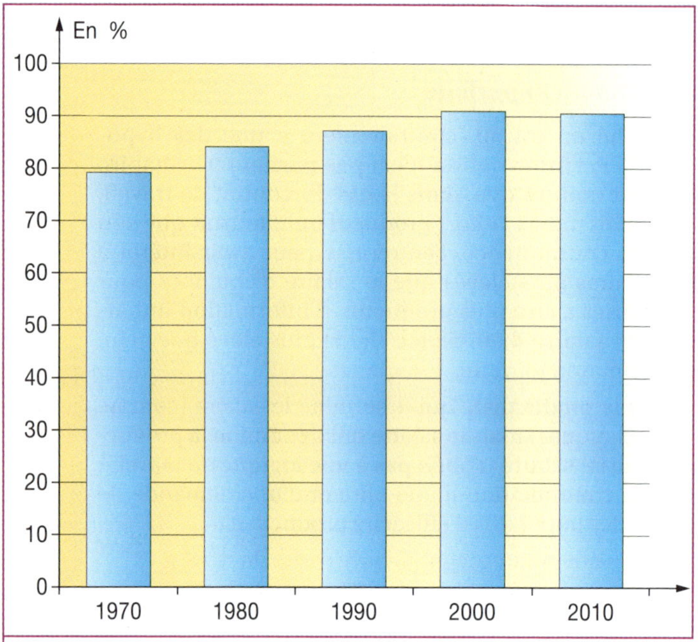

Doc. 2. Taux de salarisation de l'emploi en France (part des emplois salariés dans l'emploi total)
Source : Insee.

■ Un salarié est une personne qui, selon les termes d'un contrat de travail, va mettre son activité à disposition d'un employeur, sous la **subordination** duquel elle se place, en échange d'une **rémunération** (le salaire).

■ Le **contrat de travail** est un contrat particulier, dont l'objectif est de protéger le salarié : réglementation protégeant la santé, droit aux congés payés, dispositions limitant la durée du travail, garanties en cas de licenciement, droit à une protection sociale en cas de chômage, maladie, accident du travail, etc. Il existe **plusieurs types de contrats** : les contrats de travail à durée indéterminée (**CDI**) et à durée déterminée (**CDD**) ou encore le contrat de travail temporaire (**intérim**).

II La transformation de la condition salariale

1. D'une condition misérable à l'apogée de la société salariale

■ Jusqu'au XIXe siècle, le salarié est celui qui ne possède rien d'autre que sa force de travail, qu'il doit vendre au jour le jour. **Les salariés vont s'organiser** et passer d'un rapport individuel face à l'employeur à un rapport collectif.

■ Des **droits et garanties** sont peu à peu **attachés au contrat de travail** afin de lutter contre l'insécurité sociale : interdiction du travail des enfants, droit du travail et représentation syndicale, négociations collectives, salaire minimum, sécurité sociale et indemnisation du chômage, formation professionnelle…

■ Les **Trente Glorieuses** (1945-1975), avec le fordisme, sont une période de fort développement des protections et droits sociaux. La norme d'emploi est alors le CDI à temps plein.

> Être dans l'**insécurité sociale**, c'est ne pas pouvoir faire face aux risques sociaux (maladie, vieillesse, maternité, chômage) : « C'est être à la merci des aléas de l'existence » (Robert Castel).

2. Le rôle joué par les partenaires sociaux

■ Les **syndicats** participent à l'élaboration de règles précisant les droits et devoirs des salariés en signant des **conventions collectives** avec les représentants des employeurs. Les accords conclus concernent les conditions de travail et d'emploi ainsi que les garanties sociales liées à l'emploi (diminution du temps de travail, réorganisation des horaires…).

■ Le contrat de travail est de plus en plus encadré et la production des règles se fait notamment dans le cadre de **négociations collectives** (recherche d'accords entre partenaires sociaux).

■ L'État intervient également, notamment en fixant un **salaire horaire minimum (SMIC)** en dessous duquel il est interdit de rémunérer un salarié. Les réglementations salariales votées par le Parlement sont consignées dans le **code du travail**.

> Les **partenaires sociaux** regroupent les représentants des employeurs, des salariés et les pouvoirs publics.

EN BREF

La société salariale s'est constituée au XXe siècle et a connu son apogée dans les années 1960-1970. Elle va ensuite se fragiliser avec une remise en cause des protections et des droits acquis pendant les Trente Glorieuses.

Quiz express

Vérifiez que vous avez bien retenu les points clés des **fiches 33 à 35**.

Comment les néoclassiques analysent-ils le marché du travail ?

1 Vrai ou faux ? Cochez la bonne case.

	VRAI	FAUX
a. L'offre de travail émane de la population active.	☐	☐
b. L'offre de travail provient des entreprises.	☐	☐
c. L'offre de travail est synonyme d'offre d'emploi.	☐	☐

2 Un abaissement de l'âge de la retraite entraîne :

☐ a. une diminution de l'offre de travail.
☐ b. une augmentation de l'offre de travail.
☐ c. aucun effet sur l'offre de travail.

3 Une augmentation de la population totale a pour conséquence :

☐ a. une augmentation de la demande de travail.
☐ b. une diminution de la demande de travail.
☐ c. pas de conséquence sur la demande de travail.

4 Une modification de la durée légale du travail influence :

☐ a. l'offre de travail.
☐ b. la demande de travail.
☐ c. ni l'offre ni la demande de travail.

5 Pour les néoclassiques, la demande de travail est :

☐ a. une fonction décroissante du salaire réel.
☐ b. une fonction croissante du salaire réel.
☐ c. sans lien avec le salaire.

6 La fixation du salaire en dessous du salaire d'équilibre provoque :

☐ a. un déséquilibre sur le marché du travail.
☐ b. une offre de travail supérieure à la demande de travail.
☐ c. une offre de travail inférieure à la demande de travail.

SUJET 28

Pourquoi l'approche néoclassique est-elle insuffisante pour expliquer le chômage ?

7 Le marché secondaire du travail est constitué de :

- ☐ **a.** salariés ayant des emplois stables.
- ☐ **b.** salariés ayant un niveau de qualification relativement élevé.
- ☐ **c.** salariés masculins de plus de 25 ans.

8 La rigidité des salaires sur le marché du travail s'explique par :

- ☐ **a.** le lien entre salaire et productivité.
- ☐ **b.** l'imperfection de l'information sur le marché du travail.
- ☐ **c.** l'intervention de l'État.

SUJETS 29 ET 30

Comment la condition salariale a-t-elle évolué au XXe siècle ?

9 On a aujourd'hui en France :

- ☐ **a.** 10 % d'actifs indépendants.
- ☐ **b.** 90 % d'actifs salariés.
- ☐ **c.** 50 % d'actifs salariés.

10 Vrai ou faux ? Cochez la bonne case.

	VRAI	FAUX
a. Le contrat de travail protège les salariés.	☐	☐
b. Le contrat de travail accorde aux salariés un certain nombre de droits et de garanties.	☐	☐
c. Le contrat de travail crée un lien de subordination entre le salarié et son employeur.	☐	☐

11 La condition salariale a évolué :

- ☐ **a.** positivement entre le XIXe siècle et les Trente Glorieuses.
- ☐ **b.** négativement entre le XIXe siècle et les Trente Glorieuses.
- ☐ **c.** négativement depuis la fin des Trente Glorieuses.

SUJET 30

RÉPONSES

1. Seule a est vraie • **2.** Seule a est vraie • **3.** c • **4.** Seule b est vraie • **5.** Seule a est vraie • **6.** a et b • **7.** Aucune réponse ne convient • **8.** Toutes les réponses sont vraies • **9.** a et b • **10.** Toutes les réponses sont vraies • **11.** a et c

SUJET 28 | Le chômage volontaire

MOBILISATION DES CONNAISSANCES

Pourquoi, pour les néoclassiques, le chômage est-il volontaire ?

DÉMARRONS ENSEMBLE

- Cette question porte sur l'analyse néoclassique du marché du travail. Dans un premier temps, il vous faudra rappeler la **conception du marché du travail** à laquelle se réfèrent les économistes néoclassiques et son fonctionnement.
- Ensuite, vous pourrez présenter les **déterminants de l'offre** et de la **demande de travail** pour les néoclassiques.

CORRIGÉ

CORRIGÉ RÉDIGÉ

Lors de l'épreuve, vous devrez répondre à deux questions de mobilisation des connaissances, portant chacune sur des champs différents du programme (science économique ; sociologie ; regards croisés).

[INTRODUCTION]

Les **néoclassiques** montrent que le marché du travail, dans le cadre d'un marché de concurrence pure et parfaite, permet un **équilibre sans chômage**. L'existence du chômage ne peut être que la conséquence du comportement des actifs, d'où l'expression de **chômage volontaire**.

[DÉVELOPPEMENT]

- Pour les néoclassiques, le marché du travail est un marché comme les autres, sur lequel se rencontrent l'offre de travail des actifs et la demande de travail des unités de production. Sur ce marché, le **prix** est représenté par le taux de salaire réel. Pour les unités de production, ce salaire doit correspondre à la **productivité marginale du travail**, alors que la demande de travail dépend du calcul **coût-avantage** du travail pour un actif. Toute personne est libre de refuser un emploi si elle estime que le coût pour occuper un emploi lié à la pénibilité du travail est supérieur à son avantage évalué par le salaire.

> Ne confondez pas **offre** et **demande de travail** avec offre d'emploi des unités de production et demande d'emploi des actifs.

- Si la demande de travail baisse, le taux de salaire réel devra baisser pour retrouver l'**équilibre de plein emploi**. Cependant, pour ce nouveau salaire d'équilibre, certains actifs renoncent à travailler car ils estiment que l'avantage procuré par l'emploi est insuffisant pour compenser son coût. Dès lors, les chômeurs deviennent des **chômeurs volontaires**.

[CONCLUSION]

Sur le marché du travail, selon l'analyse néoclassique du marché du travail, la variation du taux des salaires réels permet d'obtenir un équilibre de plein emploi et le chômage ne peut être que volontaire.

SUJET 29 | L'emploi atypique

ÉTUDE D'UN DOCUMENT

Après avoir présenté le document ci-dessous, comparez l'évolution des formes de l'emploi sur le marché du travail entre 1990 et 2010.

DOCUMENT Emploi à temps partiel et emploi temporaire

	Emploi à temps partiel (en % de l'emploi total)		Emploi temporaire[1] (en % de l'emploi salarié)	
	1990	2010	1990	2010
France	11,8	17,5	10,6	15,1
Allemagne	14,9	25,5	10,5	14,7
Italie	4,7	14,8	5,2	12,8
Royaume-Uni	20,8	25,7	5,1	6,0
Union européenne[2]	**13,1**	**18,5**	**10,3**	**13,9**

Source : Eurostat.

1. L'emploi temporaire comprend notamment les CDD et l'intérim.
2. L'Union européenne comprend 12 pays en 1990 et 27 pays en 2010.

DÉMARRONS ENSEMBLE

- Le document porte sur les **formes particulières d'emplois**. Attention, tous ces emplois ne sont pas des emplois précaires. Dans le tableau, seuls les emplois temporaires peuvent être considérés comme des emplois précaires.
- Il faudra que vous adoptiez la règle qui préconise d'aller du **« général vers le particulier »** pour étudier les évolutions de ces données dans le temps et pour comparer la situation des différents pays.

CORRIGÉ

CORRIGÉ RÉDIGÉ

[INTRODUCTION]

On peut distinguer deux types d'emplois : les emplois typiques ou stables, caractérisés par un contrat de travail à durée indéterminée (CDI), et les formes particulières d'emplois avec, notamment, les emplois à temps partiel, dont la durée est inférieure à la durée légale du travail, et les emplois temporaires incluant principalement les emplois à contrat à durée déterminée (CDD) et les missions d'intérim. Seuls ces derniers emplois peuvent être considérés comme des **emplois précaires** au sens strict, car des emplois à temps partiel peuvent correspondre à des CDI.

Cette précision est importante car le document doit permettre de conclure sur la précarisation de l'emploi.

[DÉVELOPPEMENT]

- Ce document a pour source Eurostat, qui est la principale source de données statistiques pour l'Union européenne (UE). Il étudie l'évolution de la part des emplois à temps partiel dans l'emploi total ainsi que celle de **l'emploi temporaire** dans l'emploi salarié.

- Dans l'UE, la part des emplois à temps partiel dans l'emploi total augmente de 5,4 points entre 1990 et 2010 et celle des emplois temporaires de 3,6 points. On peut donc en conclure que le marché du travail de l'UE impose une **réduction du temps de travail** ainsi qu'une plus grande précarité de l'emploi.

- Il faut cependant nuancer ce constat car, en 1990, l'UE était composée de 12 pays alors qu'elle est composée de 27 pays en 2010, ce qui rend difficile les comparaisons. Nous pouvons en revanche comparer l'évolution de l'emploi pour les quatre principales économies du tableau. Le constat est le même que celui concernant l'ensemble de l'UE. Ainsi, aussi bien en Allemagne qu'au Royaume-Uni, un emploi sur quatre environ est un emploi à temps partiel, alors qu'en Italie ce type d'emploi est relativement moins important (14, 9 %), mais cette part a été quasiment multipliée par 3 en 20 ans. De même, c'est toujours en Italie que la part de l'emploi temporaire a le plus augmenté durant la période étudiée. En 2010, tout comme en 1990, la France est le pays pour lequel le **poids de l'emploi temporaire** est le plus élevé. Enfin, le Royaume-Uni, pays considéré comme le plus **libéral** des quatre, a la part la moins élevée d'emplois temporaires et celle-ci augmente relativement peu sur la période étudiée.

Lorsque vous avez des **pourcentages**, il s'agit de valeurs relatives. Ici, il faut éviter de dire que le nombre d'emplois temporaires augmente car vous ne le savez pas, c'est la part qui augmente.

[CONCLUSION]

Les pays de l'UE connaissent, à des degrés divers, une forte croissance de la part de l'emploi à temps partiel et temporaire depuis les années 1990. On peut ainsi percevoir leur volonté de rendre l'emploi plus flexible, ce qui a pour conséquence une plus forte précarité.

SUJET 30 | L'évolution du salariat

RAISONNEMENT

À l'aide du dossier documentaire et de vos connaissances, vous caractériserez l'évolution du salariat.

DOCUMENT 1

De haut en bas de la hiérarchie, chaque collaborateur est, de plus en plus, assis sur un siège éjectable. En avril 2002, les syndicats d'IBM ont découvert que chez le constructeur informatique l'ensemble des salariés étaient notés en fonction de leur contribution à l'entreprise et classés en plusieurs catégories, dont la plus basse est l'antichambre du licenciement. Mieux, les managers sont incités à remplir un quota de mal-classés, à l'avenir très compromis. D'autres groupes, comme Hewlett-Packard ou Alcatel, sont eux aussi partis à la chasse au maillon faible. Et, depuis quelques années, les prud'hommes voient affluer les contestations de licenciement pour insuffisance professionnelle. Le tribunal de Bobigny, en Seine-Saint-Denis, a ainsi constaté une augmentation de 30 % des contentieux entre 1993 et 2000 : un tiers de la hausse résulte de licenciements pour faute et 15 % de congédiements pour insuffisance des résultats.

Fini le bon vieux temps où le contrat de travail se résumait à allouer – en contrepartie d'un salaire – sa force de travail à l'entreprise pendant un temps donné. D'une simple obligation de moyens, on est insensiblement passé à une obligation de résultat, laquelle redescend la ligne hiérarchique et finit par toucher peu ou prou toutes les strates de salariés. […]

La plupart des entreprises s'appuient en effet sur les résultats de l'appréciation pour prendre des décisions essentielles concernant le salarié, dans une logique de gestion de plus en plus individualisée.

L'évaluation de la performance devient déterminante pour monter en grade, accéder à la mobilité interne, bénéficier de formations, toucher un bonus ou décrocher une augmentation. Une récente étude de la Dares, le service statistique du ministère du Travail, montre que 90 % des grandes entreprises et la moitié des PME procèdent à des augmentations de salaire individuelles. Dans un cas sur deux, le montant de la hausse salariale repose sur une évaluation formalisée des performances. Et lorsque de tels systèmes existent, ils couvrent le plus souvent l'ensemble des salariés. Si la sanction est avant tout monétaire, elle peut aussi aller jusqu'au licenciement.

Frédéric Rey et Anne Fairise, «Salariés, vous n'avez plus le droit à l'erreur», *Liaisons sociales magazine*, n° 33, juin 2002.

DOCUMENT 2 Évolution du nombre de travailleurs pauvres (personnes qui exercent un emploi, dont le niveau de vie est inférieur au seuil de pauvreté, aux seuils de 50 et 60 % du revenu médian)

Année	1998	1999	2000	2001	2002	2003	2004	2005	2006	2007	2008
Seuil de 50 % (en milliers)	977	996	1 013	953	913	915	947	994	977	1 008	1 022
Seuil de 60 % (en milliers)	1 882	1 942	1 948	1 934	1 896	1 771	1 797	1 838	1 872	1 999	1 897

Source : Insee.

Les données 2008 sont minimisées du fait d'un changement de méthodologie de l'Insee. Le niveau de vie tient compte des prestations sociales, des impôts et des revenus des conjoints.

DOCUMENT 3 L'évolution des conditions de travail

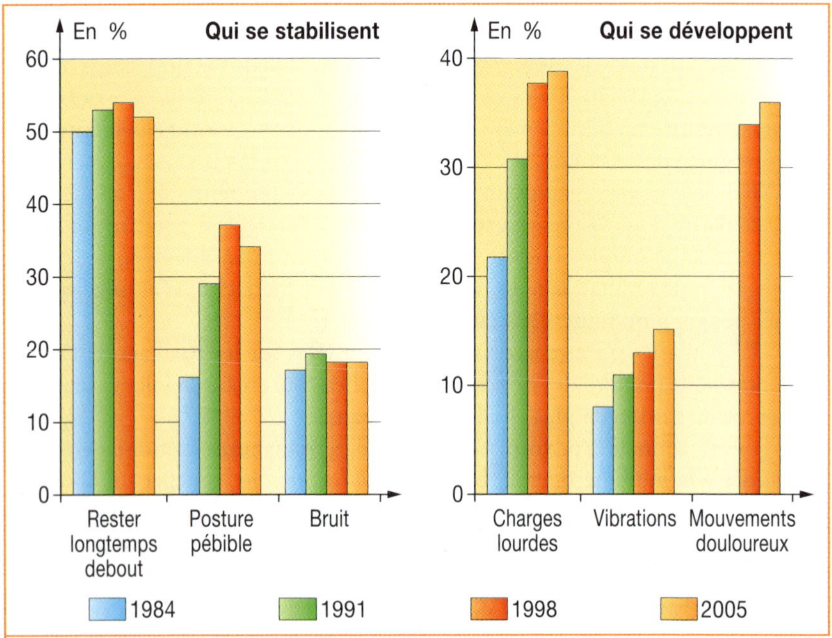

Source : *Enquêtes conditions de travail*, Dares, 1984, 1991, 1998, 2005.
Lecture : en 2005, 51 % des salariés disent devoir rester longtemps debout dans leur travail, contre 50 % en 1984 ; en 2005, 39 % des salariés disent devoir porter des charges lourdes, contre 22 % en 1984.

DÉMARRONS ENSEMBLE

- Depuis les années 1980, le salariat a connu de profondes transformations. Le sujet est donc vaste et la réponse à la question demande de trouver des **caractéristiques essentielles** de cette évolution. Ainsi, le plan doit bien mettre en évidence ce qui apparaît le plus important dans les transformations du salariat.
- Les documents insistent d'une part sur la **dégradation de la condition salariale**, ce qui peut faire l'objet d'une première partie et, d'autre part, sur une **individualisation des relations du travail**, ce qui alimentera la seconde partie.
- C'est à vous de fixer le **cadre temporel** de votre développement. En effet, vous allez insister sur la dégradation des conditions des salariés, ce qui n'est vrai que depuis une trentaine d'années alors que sur le long terme ces conditions se sont améliorées.

CORRIGÉ

CORRIGÉ RÉDIGÉ

[INTRODUCTION]

Au cours du XXe siècle, la part des salariés dans la population active n'a fait qu'augmenter pour atteindre près de 90 % aujourd'hui. Cette **montée du salariat** s'est accompagnée d'un renforcement de la protection des salariés avec, notamment, la généralisation des **contrats à durée indéterminée** après la Seconde Guerre mondiale. Les **conventions collectives** et le rôle accru donné aux **syndicats** ont également joué un rôle **pour la protection des salariés**. Cependant, depuis les années 1980, la condition salariale va se trouver fragilisée du fait d'une moindre protection et d'une individualisation des relations professionnelles.

I Une dégradation de la condition salariale

- Le salarié se trouve par définition dans une relation de subordination avec son employeur. Mais, dans un contexte libéral et démocratique, cette relation se trouve limitée par un certain nombre de **protections** dont bénéficient les salariés. Ainsi, le contrat de travail, en fixant les droits et obligations des employeurs et des salariés, limite le pouvoir de l'employeur sur le salarié. Le contrat à durée indéterminée permet au salarié la **stabilité de l'emploi** et la possibilité d'accéder à des droits, ceux-ci étant renforcés par l'intervention de l'État.

> N'oubliez pas de préciser la caractéristique majeure du **salariat**, ce qui permet de montrer l'évolution de la condition salariale.

- Cependant, la volonté de rendre plus **flexible** le marché du travail afin de lutter contre le chômage assouplit la législation sur le contrat de travail en facilitant le recours au **travail temporaire** sous forme de **contrat à durée déterminée** et de **missions d'intérim**, ainsi qu'au **travail à temps partiel.** Cette évolution a deux conséquences majeures : une plus grande

précarité pour les salariés et le développement de la **pauvreté** des salariés. Ainsi, le nombre de travailleurs percevant un revenu inférieur à 50 % du revenu médian a augmenté en 10 ans pour dépasser le million en 2008 (document 2).

- Cet accroissement de la pauvreté au travail met fin au processus d'amélioration des conditions de travail qu'ont connu les salariés depuis les Trente Glorieuses. Cette dégradation de la condition salariale est accentuée par une progression de la **pénibilité du travail** : près de 39 % des salariés doivent porter une charge lourde en 2005 contre 22 % en 1984, soit une augmentation de 17 points en 20 ans (document 3).

II Une individualisation des relations de travail

- L'élargissement des droits des salariés depuis le XXe siècle est le résultat de **conflits** qui sont autant d'étapes dans **l'organisation collective des travailleurs salariés**. La principale conséquence de cette évolution est de mettre fin au rapport individuel entre le salarié et son employeur. L'organisation taylorienne du travail a renforcé le collectif du travail.

> On parle de **collectif du travail** car la répartition des tâches dans l'atelier implique une complémentarité entre les ouvriers.

- Mais, depuis les années 1980, l'évolution de l'organisation du travail se traduit par une transformation de la **gestion des ressources humaines** dans l'entreprise. L'accent est mis sur la responsabilité individuelle des travailleurs : le salarié n'est plus évalué en fonction de ses compétences techniques attachées à sa qualification mais à son « savoir-être », c'est-à-dire à ses compétences personnelles. La **logique de compétence** implique une gestion plus individualisée du personnel. La différence n'est pas négligeable car chaque salarié est soumis à une « **obligation de résultat** » et non plus seulement de moyens (document 1). Cette évaluation personnalisée du salarié accroît les contraintes qui pèsent sur le personnel.

- Cette individualisation de la gestion du personnel concerne également la fixation des salaires. Grâce aux conventions collectives, la fixation des salaires était collective et la progression assurée car l'ancienneté était une composante majeure de la hausse des salaires. Or, de plus en plus, dans la fixation des salaires entre une composante individuelle, fonction des **performances** de chaque salarié. Cette **individualisation des salaires**, qui touche toutes les catégories de salariés, tend à accentuer les **inégalités de salaire** car les catégories les plus qualifiées peuvent plus facilement négocier leur hausse de salaire.

[CONCLUSION]

Si les salariés conservent des **droits collectifs** qui continuent à les protéger, ils voient leur condition devenir plus précaire. La volonté de mettre fin aux rigidités du marché du travail remet en cause le collectif du travail par une **gestion plus individualisée du personnel**.

REGARDS CROISÉS

Quelles politiques pour l'emploi ?

FICHES

BILAN

SUJETS CORRIGÉS

36 Le chômage, une définition unique ?

Les controverses qui reviennent périodiquement sur l'évaluation statistique du nombre de chômeurs démontrent qu'il n'est pas aisé de définir et mesurer le chômage.

I Le chômage : définition et mesure

1. Emploi, chômage et inactivité

- Il est possible de répartir la population totale en deux groupes :
– la **population active** est l'ensemble de la population déclarant exercer ou chercher à exercer une activité professionnelle rémunérée. Elle comprend les actifs occupés et les actifs inoccupés ou chômeurs ;
– la **population inactive** est l'ensemble des individus n'ayant pas d'emploi et qui n'en cherchent pas (étudiants, retraités…).

- Chaque jour, **des emplois sont créés et d'autres détruits**. Après deux années de hausse, la contraction de l'activité économique a entraîné la destruction de 51 000 emplois en France métropolitaine en 2012. Le taux d'emploi des 15-64 ans a cependant augmenté de 0,2 point (en baisse chez les 15-54 ans et en forte hausse chez les 55-64 ans). Fin 2012, 64,1 % des 15-64 ans occupent un emploi.

> Le **taux d'emploi** est la part d'actifs occupés dans la population totale.

2. La mesure du chômage

- Le suivi du chômage se fonde sur l'**enquête Emploi de l'Insee**, seule source statistique permettant de mesurer le chômage au sens du **Bureau international du travail (BIT)**. Pour le BIT, un chômeur est une personne qui n'a pas travaillé pendant une semaine donnée, qui est disponible pour prendre un emploi dans les deux semaines et qui est à la recherche d'un emploi, ou bien qui en a trouvé un qui débute dans les trois mois.

- Fin 2012, le taux de chômage s'établit à **10,1 % en métropole** et à 10,5 % pour l'ensemble de la France, ce qui représente 2,9 millions de personnes. Parmi les chômeurs, 40,6 % sont des chômeurs de longue durée (au chômage depuis plus d'un an) au quatrième trimestre 2012.

> Le **taux de chômage** au sens du BIT est la part des actifs inoccupés dans la population active.

- **Pôle emploi**, qui est un établissement en charge de l'emploi en France, produit également des données sur les demandeurs d'emploi, qui sont les personnes inscrites à Pôle emploi réparties en 5 catégories (de A à E) selon qu'elles exercent ou non une activité réduite, qu'elles effectuent ou non des actes positifs de recherche d'emploi et selon leur disponibilité.

II Emploi et chômage : des frontières de plus en plus floues

Il est de plus en plus difficile de mesurer le chômage car un nombre croissant d'individus se trouve dans des **positions intermédiaires** entre **l'emploi, l'inactivité** et le chômage.

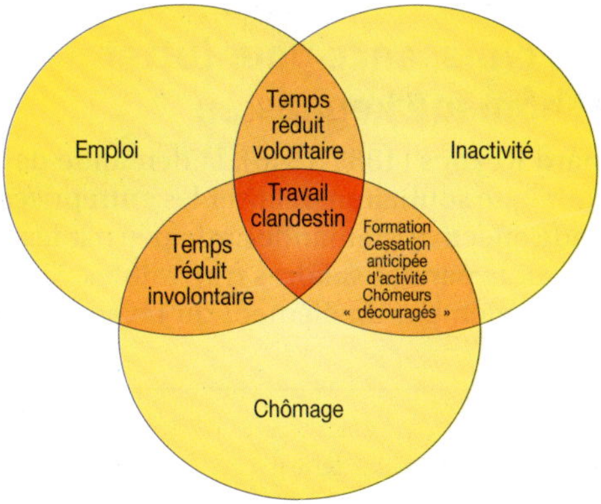

Doc. 1. Chevauchements entre emploi, inactivité et chômage
Source : J. Freyssinet, *Le chômage*, La Découverte, 1998.

Le **sous-emploi**, au sens du BIT, recouvre les personnes qui ont un emploi à temps partiel, qui souhaitent travailler plus d'heures sur une semaine donnée et qui sont disponibles pour le faire, ainsi que les personnes ayant involontairement travaillé moins que d'habitude (chômage technique ou partiel). Fin 2012, **5,3 % des actifs occupés** sont en situation de sous-emploi.

Le **« halo » autour du chômage** regroupe les personnes qui n'ont pas d'emploi, qui souhaitent travailler, mais qui ne sont pas considérées comme au chômage selon les normes du BIT. Fin 2012, près de 832 000 personnes souhaitaient travailler mais n'avaient pas été comptabilisées comme chômeuses au sens du BIT, soit 2,1 % de la population en âge de travailler.

EN BREF

S'il n'est pas possible de mesurer le chômage par un chiffre « objectivement » déterminé, son étude est cependant essentielle pour l'analyse et la politique macroéconomique.

37 Quelles politiques de lutte contre le chômage ?

Si le chômage représente un coût économique, son coût financier, humain et social est également très élevé, d'où l'importance des politiques de l'emploi.

I Relancer la croissance pour lutter contre le chômage keynésien

Pour John Maynard **Keynes** (1883-1946), la demande de travail dépend du niveau de production que souhaitent réaliser les entreprises, qui dépend elle-même de la demande effective (demande anticipée par les entrepreneurs). Le **chômage** s'explique alors par des **salaires trop faibles**. Si le salaire représente un coût, il constitue également un élément du revenu des ménages qui leur permet de consommer.

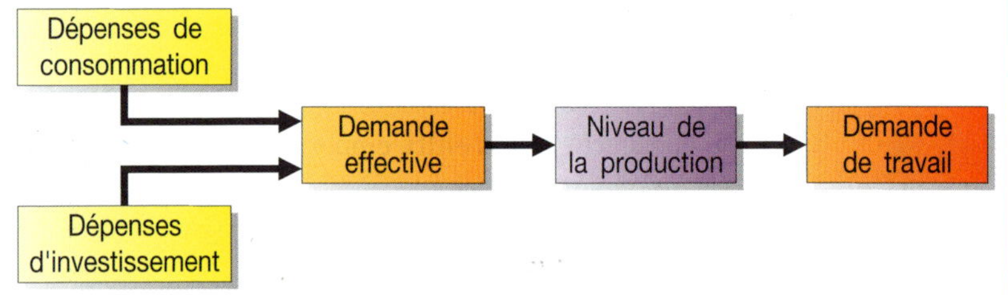

Doc. 2. La demande effective détermine la demande de travail

L'équilibre sur le marché du travail peut être un **équilibre de sous-emploi** (situation dans laquelle le niveau des offres d'emploi est inférieur à celui des demandes d'emploi). L'État doit alors intervenir par des **politiques de relance** :
- augmentation de la demande des ménages (hausse des revenus, baisse des impôts...) ;
- augmentation de la demande des entreprises (baisse des taux d'intérêt, hausse du taux de marge...) ;
- augmentation de la demande de l'État en utilisant le déficit budgétaire.

Ces politiques ne fonctionnent pas quand la demande se porte sur des produits importés ou quand les entreprises augmentent leur production grâce à des gains de productivité.

Si les **gains de productivité** sont supérieurs à la croissance du PIB, il y aura destruction, et non création, d'emplois.

II La flexibilité, une réponse au chômage classique ?

- Selon les libéraux → Fiche 33, le chômage s'explique par les **rigidités sur le marché du travail** qu'il faut supprimer en abaissant les coûts salariaux et en cherchant à le rendre plus flexible.
- La lutte contre le chômage passe alors par une plus grande **rigueur salariale** (remise en cause du salaire minimum, baisse des cotisations sociales). Il faut par ailleurs **flexibiliser le marché du travail** en développant notamment l'intérim ou les contrats à durée déterminée (CDD).
- Ces politiques libérales risquent de se heurter à des **limites économiques** (baisse des salaires qui peut freiner la demande) et **sociales** (pauvreté, exclusion, précarité).

La **flexibilité** est une politique de gestion de la main-d'œuvre mise en place dans les entreprises pour adapter la production et l'emploi correspondant aux fluctuations de la demande.

III Agir sur les flux du marché du travail

- Les **politiques « passives »** considèrent le niveau de l'emploi comme donné et ne cherchent pas à agir sur le niveau de l'emploi mais à corriger les effets négatifs du chômage. En revanche, **les politiques « actives »** cherchent à agir positivement sur ce niveau en créant des emplois.
- Le chômage correspondant à une **inadéquation** entre **offre** et **demande de travail**, les actions peuvent se faire à la fois sur l'offre et sur la demande de travail.
- Les politiques de l'emploi peuvent chercher à **diminuer l'offre de travail** (population active) ou ralentir sa hausse par :
  - l'allongement des études des jeunes ;
  - la baisse du nombre de travailleurs âgés ;
  - des mesures incitatives pour diminuer l'activité féminine.
- Elles peuvent chercher à **augmenter la demande de travail** par :
  - la diminution du coût du travail ;
  - le partage du travail ;
  - des mesures libérales pour flexibiliser le travail (hausse des CDD, de l'intérim...) ;
  - des créations d'emplois aidés dans le secteur public ou associatif.
- Les **politiques de formation** regroupent l'ensemble des mesures dont l'objectif est d'améliorer la qualification des actifs afin de leur permettre de retrouver un emploi ou de conserver celui qu'ils occupent : formation professionnelle (qui vise à entretenir les compétences des salariés et à les ajuster au processus de production), formation scolaire, formation en alternance...

EN BREF

Depuis une vingtaine d'années, les gouvernements successifs ont multiplié les mesures pour l'emploi, ce qui rend aujourd'hui la politique française de l'emploi difficilement lisible et en partie inefficace.

38 Les évolutions de l'emploi fragilisent-elles l'intégration par le travail ?

Si le travail est un pilier essentiel de l'intégration, les transformations de l'emploi fragilisent l'intégration par le travail et peuvent conduire à l'exclusion.

I Précarité et chômage affaiblissent le lien social

Les **emplois précaires** regroupent les contrats à durée déterminée (CDD), l'apprentissage et les contrats aidés.

1. La précarisation des emplois fragilise les relations sociales

■ Le marché du travail a été marqué par la montée des emplois précaires. De 1982 à 2011, leur part a plus que doublé, de 5,4 % à 13,5 % de l'emploi total, et ils se généralisent chez les jeunes (en 2011, 51,2 % des salariés de moins de 25 ans occupent un emploi précaire).

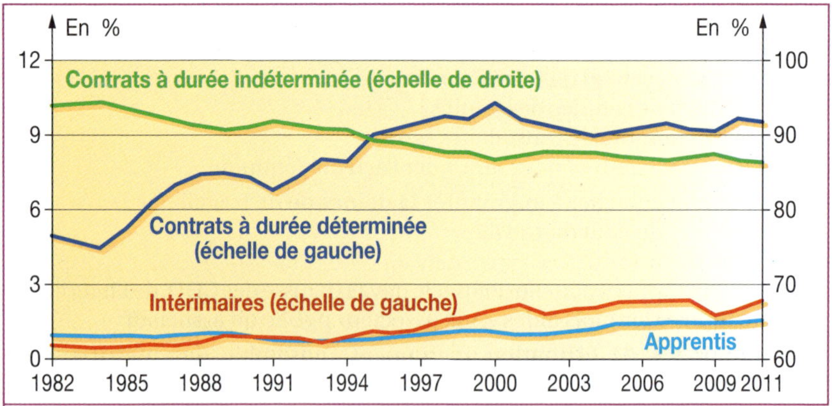

Doc. 3. La précarisation des emplois en France métropolitaine (population des ménages, personnes de 15 ans et plus ayant un emploi)
Source : Insee, enquête Emploi 1982-2011.

■ **La précarisation fragilise le lien social** car elle ne permet pas aux individus de construire une identité professionnelle valorisante. Elle fait l'objet d'une moindre reconnaissance sociale et favorise une surexposition au chômage.

2. L'augmentation du chômage empêche l'intégration par le travail

- Le chômage remet en cause l'**identité professionnelle** du chômeur, qui n'est plus inséré dans un collectif. La perte des compétences techniques et des relations sociales rend le retour à l'emploi plus difficile.
- Un chômage prolongé conduit à une **perte des repères sociaux** et diminue l'employabilité des individus (capacité à retrouver un emploi).
- Cette fragilisation des liens sociaux peut conduire à d'autres ruptures dans la sphère familiale (divorce) ou amicale, à une **perte de sociabilité** et à un certain isolement social. La dévalorisation de l'image de soi peut accroître les difficultés d'intégration.

II Les transformations sur le marché du travail, une cause d'exclusion sociale

1. Précarité et chômage sont facteurs de pauvreté

- Le chômage entraîne une diminution des revenus qui peut empêcher d'accéder à la norme de consommation ; le chômage est ainsi la principale cause de pauvreté, le risque de tomber dans la pauvreté augmentant avec la durée du chômage.
- La précarité est la seconde cause de pauvreté. La France compte de plus en plus de **« travailleurs pauvres »** (individus ayant un emploi mais vivant dans un ménage dont le niveau de vie est inférieur au seuil de pauvreté).

Le **seuil de pauvreté** est fixé à 60 % du revenu médian. Il s'établit à 964 euros mensuels (France, 2010) ; 14,1 % des personnes vivent en dessous de ce seuil.

2. La fragilisation de l'emploi peut conduire à une rupture du lien social

- L'**exclusion** est un processus dynamique qui consiste en un ensemble de ruptures affectant aussi bien les aspects matériels de la vie que les aspects symboliques et sociaux. Le sociologue Robert Castel définit l'exclusion comme un processus de « désaffiliation », résultant de la rupture des liens professionnels et familiaux.
- **Chômage** et **précarité de l'emploi** sont les deux facteurs essentiels de l'exclusion car ils ont à la fois un impact économique (perte de revenu, pauvreté...) et des impacts sociaux (isolement, dévalorisation...).

EN BREF

Sachant que le travail intègre grâce au statut, au revenu et aux droits qu'il donne, on comprend que la précarisation des emplois et la montée du chômage représentent une menace pour la cohésion sociale.

Quiz express

Vérifiez que vous avez bien retenu les points clés des **fiches 36 à 38**.

Le chômage, une définition unique ?

1 Les chômeurs sont considérés comme des :
- ☐ **a.** inactifs.
- ☐ **b.** actifs occupés.
- ☐ **c.** actifs inoccupés.

2 Le taux de chômage désigne :
- ☐ **a.** la part des inactifs dans la population totale.
- ☐ **b.** la part des actifs inoccupés dans la population active.
- ☐ **c.** la part des actifs inoccupés dans la population totale.

3 Les personnes en situation de sous-emploi sont :
- ☐ **a.** des personnes au chômage.
- ☐ **b.** des personnes travaillant volontairement moins que la durée légale du travail.
- ☐ **c.** des personnes souhaitant travailler davantage.

4 Pour désigner les personnes qui n'ont pas d'emploi, mais qui ne sont pas comptabilisées comme chômeurs au sens du BIT, on parle :
- ☐ **a.** de sous-emploi.
- ☐ **b.** de halo du chômage.
- ☐ **c.** d'inactivité volontaire.

Quelles politiques de lutte contre le chômage ?

5 Pour l'analyse libérale, le chômage s'explique par :
- ☐ **a.** des salaires fixés au-dessus du salaire d'équilibre.
- ☐ **b.** un marché du travail trop flexible.
- ☐ **c.** des salaires trop faibles.

6 Pour l'analyse keynésienne, le chômage s'explique par :
- ☐ **a.** des salaires fixés au-dessus du salaire d'équilibre.
- ☐ **b.** un marché du travail trop flexible.
- ☐ **c.** des salaires trop élevés.

7 Dans l'analyse keynésienne, pour lutter contre le chômage, l'État doit intervenir :
- ☐ **a.** en mettant en place des politiques de rigueur.
- ☐ **b.** en mettant en place des politiques de relance.
- ☐ **c.** en flexibilisant le marché du travail.

8 Vrai ou faux ? Cochez la bonne case.

	VRAI	FAUX
a. Flexibiliser le marché du travail peut avoir des effets négatifs sur le plan économique et social.	☐	☐
b. Flexibiliser le marché du travail permet de lutter contre le chômage en abaissant les coûts salariaux.	☐	☐
c. Flexibiliser le marché du travail permet aux entreprises d'adapter l'emploi aux fluctuations de la demande.	☐	☐

SUJET 32

Les évolutions de l'emploi fragilisent-elles l'intégration par le travail ?

9 Les contrats à durée indéterminée sont :

- ☐ **a.** des emplois précaires.
- ☐ **b.** des emplois stables.
- ☐ **c.** des emplois entraînant une surexposition au chômage.

10 En France, il y a aujourd'hui :

- ☐ **a.** de plus en plus d'emplois précaires.
- ☐ **b.** de moins en moins d'emplois précaires.
- ☐ **c.** autant d'emplois précaires qu'il y a trente ans.

11 La précarisation de l'emploi est :

- ☐ **a.** un facteur d'exclusion.
- ☐ **b.** un facteur de pauvreté.
- ☐ **c.** source de fragilisation du lien social.

12 Le facteur principal de pauvreté en France est :

- ☐ **a.** l'emploi précaire.
- ☐ **b.** l'absence d'emploi.
- ☐ **c.** l'emploi à durée indéterminée.

SUJET 31

RÉPONSES

1. c • **2.** b • **3.** c • **4.** b • **5.** a • **6.** Aucune réponse correcte. • **7.** Seule b est vraie. • **8.** Toutes les phrases sont vraies • **9.** b • **10.** a • **11.** a, b et c • **12.** b

SUJET 31 | Flexibilité du marché du travail et intégration sociale

ÉTUDE D'UN DOCUMENT

Vous présenterez le document, puis vous montrerez que la flexibilité du marché du travail favorise la pauvreté en emploi.

DOCUMENT **Taux de pauvreté en emploi selon le type d'emploi et de ménage en France et dans l'Union européenne**

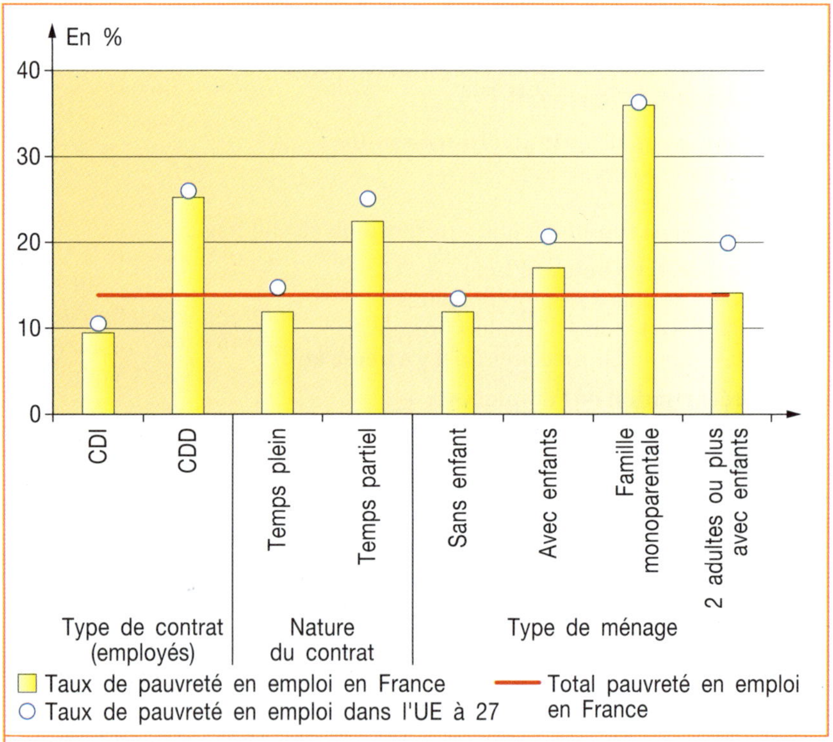

Source : Eurostat, EU-SILC, 2009, revenus année 2008, in *Employement and Social developments in Europe 2011*, European Commission (Le rapport de l'ONPES 2011 – 2012).

DÉMARRONS ENSEMBLE

- La question porte sur la **relation entre flexibilité du marché du travail et pauvreté en emploi**. Dans le document, cette dernière est mesurée par la part des actifs occupés qui perçoivent un revenu inférieur au seuil de pauvreté.
- Le document incite à **lier la pauvreté en emploi** (les « travailleurs pauvres ») **avec le contrat de travail**, qui est un aspect de la flexibilité, et accessoirement **avec le type de ménage**.

CORRIGÉ

CORRIGÉ RÉDIGÉ

[INTRODUCTION]

Le document, fourni par Eurostat, principale source de statistiques européennes, présente le taux de pauvreté en emploi, c'est-à-dire la part, en pourcentage, des actifs occupés ayant un revenu inférieur au seuil de pauvreté en fonction du contrat de travail et du type de ménage.

[DÉVELOPPEMENT]

- En 2008, en France, environ 7 % des actifs occupés ont un revenu inférieur au **seuil de pauvreté**. Cependant, la part des travailleurs pauvres est différente selon le **contrat de travail**. Elle est d'à peine 5 % pour les actifs bénéficiant d'un contrat à durée indéterminée et de près de 13 % pour ceux ayant un contrat à durée déterminée, c'est-à-dire un **emploi précaire**. De plus, si 6 % environ des actifs à temps plein sont pauvres, 12 % des actifs occupant un **emploi à temps partiel** sont pauvres. La pauvreté peut être aggravée par la composition des ménages : 18 % des **familles monoparentales** sont touchées par la pauvreté, contre 6 % des ménages sans enfants.
- La précarité de l'emploi est une conséquence d'une plus grande **flexibilité du marché du travail**. Celle-ci vise à adapter la demande de travail des entreprises à l'évolution de la conjoncture économique. Les contrats à durée déterminée, mais également le recours à l'intérim, permettent aux entreprises d'embaucher plus facilement si la conjoncture s'améliore ou, dans le cas inverse, de réduire le nombre d'emplois. L'emploi à temps partiel favorise une plus grande flexibilité des horaires en fonction de l'activité de l'entreprise.
- Les « **travailleurs pauvres** » alternent les périodes d'emploi et de chômage, ce qui a des effets sur leurs revenus. Le salaire perçu pour un travailleur à temps partiel est proportionnel au temps de travail.

[CONCLUSION]

La flexibilité du marché du travail, qui se traduit par une plus grande précarité de l'emploi et par la multiplication du temps partiel, favorise la pauvreté en emploi.

SUJET 32 | Quelles politiques pour l'emploi ? | DISSERTATION

Faut-il baisser le coût du travail pour créer des emplois ?

DOCUMENT 1 Part des salaires dans la valeur ajoutée brute des sociétés non financières en France

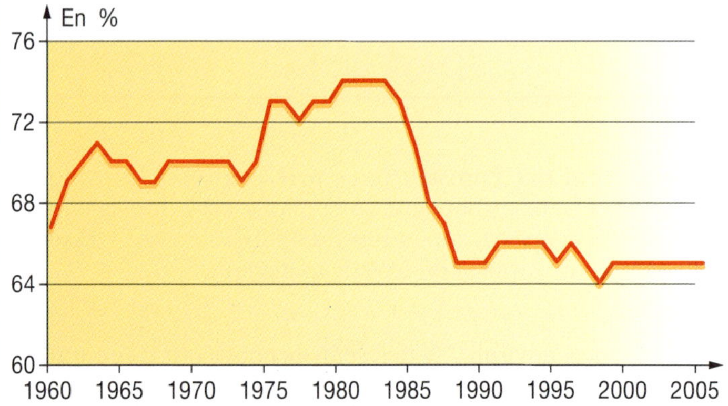

Source : *L'Économie politique*, n°41, février 2009.

DOCUMENT 2 Niveau de productivité de la main d'œuvre et rémunération du travail dans les pays de l'OCDE (en 2008)

Pays	PIB par heure travaillée (indice base 100 : États-Unis)	Rémunération du travail par heure (en dollars PPA[1])
Irlande	106,2	23,1
Pays-Bas	101,7	33,2
États-Unis	100	32,8
France	98,2	31,0
Allemagne	92,8	28,7
République tchèque	45,3	13,2
Hongrie	42,3	11,6

Source : OCDE.

1. Les taux de change PPA (parité en pouvoir d'achat) expriment le rapport entre le nombre d'unités monétaires nécessaires pour acheter le même panier de biens et de services dans des pays différents.

DOCUMENT 3 **Part de l'emploi peu qualifié dans l'emploi total en France**

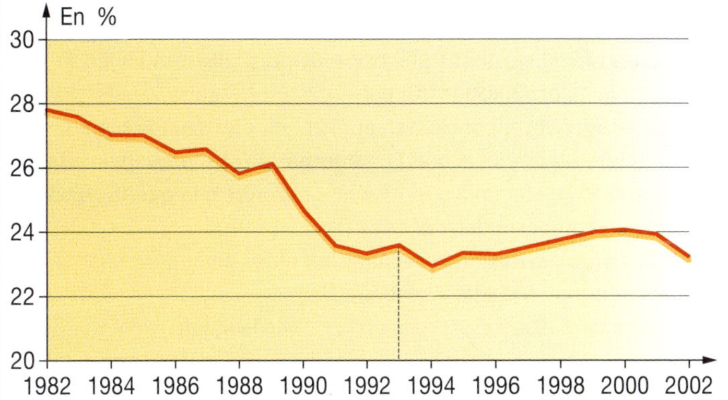

Source : Stéphanie Janet, « Améliorer la performance du marché du travail en France », OCDE - Documents de travail du département des Affaires économiques, n°504, 2006.
Remarque : Les mesures d'allègement des charges sociales, portant principalement sur les bas salaires, ont été introduites en 1993.

DÉMARRONS ENSEMBLE

■ Il faut absolument veiller à ne pas confondre **baisse du coût du travail** et **baisse des salaires**. Le salaire est la rémunération versée à un salarié, tandis que le coût du travail correspond à l'ensemble des dépenses liées à l'emploi d'un salarié. Une baisse du coût du travail ne signifie donc pas nécessairement une baisse des salaires.
■ Ce sujet invite à s'interroger sur l'existence d'une relation entre la baisse du coût du travail et la création d'emplois. L'expression « baisse du coût du travail » fait référence à la mise en œuvre de **politiques d'allègement du coût du travail** dans de nombreux pays développés. Le sujet conduit à s'interroger sur les **effets sur l'emploi** de ces politiques.
■ Vous pouvez réfléchir à ce sujet en vous posant **deux questions** qui guideront votre dissertation :
– Pourquoi la baisse du coût du travail permettrait-elle de créer des emplois dans les pays développés ?
– Quelles sont les limites, voire les effets pervers, d'une telle stratégie ?

CORRIGÉ

CORRIGÉ RÉDIGÉ

POINT MÉTHODE

Rédiger une conclusion

- La conclusion constitue un **moment fort** de votre devoir (dernière impression donnée au correcteur) qu'il faut soigner tout particulièrement en la rédigeant une première fois au **brouillon**.
- Vous devez rédiger votre conclusion après avoir construit le plan de votre dissertation. Conclure un devoir consiste à **synthétiser** les principaux éléments de votre argumentation de façon à apporter une **réponse à la question posée**.
- Une conclusion comporte deux phases :

– un **bilan de l'argumentation** reprenant les idées forces de chaque partie et apportant une réponse à la problématique ;

– une **ouverture** vers d'autres débats en lien avec le sujet.

[INTRODUCTION]

[AMORCE] Depuis la fin des années 1970, la montée du chômage dans les pays industrialisés et la difficulté des pouvoirs publics à l'endiguer ont renouvelé le **débat** opposant les tenants des **thèses keynésiennes** aux **économistes néoclassiques**. Les premiers considérent davantage l'emploi comme un revenu, alors que les seconds le perçoivent plutôt comme un coût qu'il faut minorer pour lutter contre le sous-emploi.

L'**amorce**, dans une introduction, est un moyen d'introduire le sujet en montrant son intérêt.

[DÉFINITION DES TERMES DU SUJET] Le **coût du travail** correspond au coût salarial (salaire et charges sociales patronales), auquel s'ajoutent tous les coûts induits par le recrutement, la formation voire le licenciement du salarié. Sa faiblesse serait-elle l'élément moteur des créations d'emplois, c'est-à-dire du volume du nombre de postes de travail créés par les unités productives à l'issue du choix de la combinaison des facteurs de production ?

[PROBLÉMATIQUE ET ANNONCE DU PLAN] Après avoir montré que, dans les économies développées ouvertes sur l'extérieur, la baisse du coût du travail semble à court terme la **solution idéale** pour créer des emplois, nous examinerons les **limites et effets pervers** d'une telle politique sur le volume global de l'emploi.

I La baisse du coût du travail semble à court terme une solution pertinente pour créer des emplois

1. Les effets de la baisse du coût du travail sur l'offre de biens et de services

Attention à bien **structurer vos sous-parties** : il vous faut un argument par paragraphe !

La baisse du coût du travail est effectivement un moyen d'amélioration de la **compétitivité-prix** des entreprises confrontées à la concurrence internationale. Selon une idée communément admise, l'incapacité de la France à limiter les destructions d'emplois serait liée à la concurrence internationale, notamment celle exercée par les pays à bas salaires et à capacité technologique, ceux d'Asie du Sud-Est et d'Europe de l'Est notamment. En supportant un **coût du travail moindre**, les entreprises de main-d'œuvre peuvent diminuer leurs prix de vente et exporter davantage, ce qui stimule la production et donc l'emploi.

Une politique de baisse du coût du travail inverse le partage de la richesse au profit de l'entreprise, ce qui stimule son investissement. Qu'elle s'opère par une **modération salariale** ou par une **baisse des charges sociales**, la baisse du coût du travail permet aux entreprises de bénéficier d'une part plus importante de la valeur ajoutée. Le **taux de marge** augmentant, les **capacités d'épargne** des entreprises peuvent, toutes choses égales par ailleurs, augmenter, ce qui rend plus aisé le **financement d'investissements**, source de création d'emplois. La baisse de la part des salaires dans la valeur ajoutée brute, qui passe de 74 % en 1982 à 65 % en 1990, s'inscrit dans cette logique (document 1).

2. Les effets de la baisse du coût du travail sur la demande de travail peu qualifiée

Conformément à la thèse des **économistes néoclassiques**, une baisse du coût du travail accroît la demande de travail car le travailleur supplémentaire redevient rentable. Selon eux, le marché du travail fonctionne comme n'importe quel marché ; le **chômage** correspond donc à une situation dans laquelle l'offre de travail des actifs est supérieure à la demande que les entreprises en font. Pour atteindre l'équilibre sur le marché, la **baisse du coût salarial** s'impose. De la sorte, les entreprises seront moins tentées de substituer du capital au travail, notamment pour les emplois les moins qualifiés, donc les moins bien rémunérés.

Grâce à la baisse du coût du travail, les entreprises substituent du travail peu qualifié au capital. De fait, la réduction du coût du travail, qui s'opère en France à partir du début des années 1990, semble exercer des effets bénéfiques sur l'**emploi non qualifié**. En effet, les mesures d'**allègement des charges sociales** portent principalement sur les bas salaires. Introduites en **1993**, elles semblent avoir permis d'enrayer la baisse de la part des emplois non qualifiés dans le total des emplois (document 3).

Par les effets directs et indirects qu'elle exerce sur le marché du travail, la réduction du coût du travail semble avantageuse pour l'emploi. Pourtant, elle risque fort de n'être qu'un leurre.

II Mais, à plus long terme, les effets d'une telle politique sont limités

1. L'efficacité discutable d'une politique de baisse du coût du travail

- La concurrence des pays à bas salaires n'explique que partiellement les difficultés de l'emploi dans les pays développés. D'une part, la France ne peut lutter contre la **concurrence des pays émergents** en se plaçant sur le terrain du coût salarial, l'écart de développement étant trop important par rapport à ces pays. Par exemple, la rémunération d'une heure de travail en France est près de trois fois plus élevée qu'en Hongrie (31 dollars contre 11,6 dollars). D'autre part, la part des échanges de la France avec les pays émergents à bas salaires est faible.

- Réduire le coût du travail pour restaurer la compétitivité des entreprises françaises n'est donc pas une solution suffisante puisque l'essentiel du commerce extérieur de la France se fait avec des pays dont le niveau de développement est équivalent au sien. Ces pays ont donc des économies dans lesquelles le coût du travail n'est pas moins élevé. Ainsi, l'**Allemagne** constitue le premier partenaire commercial de la France ; or, la rémunération horaire du travail en Allemagne (28,7 dollars) est très proche de celle de la France (31,0 dollars), pour un niveau de productivité plus élevé en France (document 2).

La **compétitivité** est la capacité à affronter la concurrence. On distingue la compétitivité-prix et la compétitivité hors prix.

2. Les effets pervers d'une politique de baisse du coût du travail

- Comme le souligne la **théorie du salaire d'efficience**, un haut niveau de rémunération peut être le gage d'une productivité plus élevée. Lorsque celle-ci augmente plus vite que le coût horaire du travail, les coûts salariaux unitaires ont alors tendance à décroître. Par conséquent, une baisse du coût du travail présente moins d'intérêt pour créer des emplois dans des secteurs menacés par la concurrence internationale que des mesures favorisant la hausse de la productivité du travail (formation de la main-d'œuvre notamment).

- En outre, la baisse du coût du travail provoque une baisse de la **demande effective** elle-même source de récession. Les politiques d'inspiration libérale ont cherché, à travers la désindexation salariale et la mise en concurrence des salariés, à abaisser le coût du travail dans les pays développés de façon à restaurer la compétitivité-prix de ces économies ouvertes sur l'extérieur. Cependant, le jeu non coopératif de nations se livrant individuellement à la course au « moins disant social » s'avère macroéconomiquement néfaste à l'emploi. Si la baisse des salaires dans une entreprise lui permet de conquérir des parts de marché, la généralisation à l'ensemble des entreprises a pour conséquence une **contraction de la demande globale** préjudiciable à la croissance, et donc à la création d'emplois.

- La baisse du coût du travail n'est donc pas sans effets pervers sur la capacité d'une économie à créer des emplois.

[CONCLUSION]

- [RÉPONSE À LA PROBLÉMATIQUE] **Réduire le coût salarial**, notamment par le biais d'une baisse des charges sociales patronales, semble favoriser à **court terme** l'emploi en restaurant la compétitivité-prix des entreprises et leurs marges bénéficiaires, sources d'investissement. Redevenant rentables pour l'entreprise, les travailleurs les moins qualifiés doivent en profiter. Pourtant, il s'agit d'une **solution n'ayant pas prouvé son efficacité** et pouvant s'avérer incohérente compte tenu de la nature de la nouvelle division internationale du travail. En l'adoptant les pays développés positionnent leurs systèmes productifs sur des terrains concurrentiels insoutenables, bridant par ailleurs leur capacité d'adaptation ainsi que leur demande globale.

- [OUVERTURE] D'autres solutions pour faire face au chômage de masse dans les pays développés sont donc encore à rechercher : réflexions sur le temps de travail, développement des dispositifs de formation continue, etc.

Index-lexique

contrat de travail 191
Contrat par lequel le salarié s'engage à travailler moyennant rémunération, pour le compte et sous la direction de l'employeur.
conventions collectives 191
Accords conclus entre les représentants des employeurs et les représentants des salariés relatifs aux conditions de travail et d'emploi ainsi qu'aux garanties sociales liées à l'emploi.
cotisations sociales 176
Ensemble des recettes de la sécurité sociale.
crise économique 26
Retournement brutal de la conjoncture économique qui fait succéder une phase de récession à une phase d'expansion (au sens strict). Au sens large, on y ajoute la phase de récession et/ou de dépression.
critères de différenciation sociale au XXe siècle 106
Critères qui deviennent multiples et qui brouillent les frontières de classe : emplois qualifiés/non qualifiés, tertiarisation, féminisation des emplois, emplois précaires/stables...
croissance endogène 13
Croissance qui résulte des comportements et des décisions des agents économiques.

D

déclassement 127
Réduction de la mobilité ascendante d'une génération à l'autre.
déflation 31
Baisse du niveau général des prix.
délocalisation 47
Fermeture d'un site de production sur le territoire national pour en ouvrir un autre à l'étranger.
demande anticipée 204
Demande prévue par les entrepreneurs afin de déterminer leur niveau de production.
dépression 26
Baisse de la production (taux de variation négatif).
désinflation 30
Ralentissement de la hausse des prix.
discrimination 175
Action de distinguer de façon injuste ou illégitime des personnes.

E

égalité 175
Principe démocratique selon A. de Tocqueville. Il s'agit de l'égalisation des conditions, à la fois égalité des droits, des chances et des situations.
euro 62
Monnaie unique commune à l'ensemble des États membres de l'Union économique et monétaire (UEM).
externalisation 46
Transfert de tout ou partie d'une fonction d'une entreprise vers un partenaire externe.
externalités 11, 79
Effets positifs ou négatifs d'une activité économique non pris en charge par la collectivité.

F

firmes multinationales (FMN) 46
Firmes disposant de filiales dans plusieurs pays.
flexibilité du marché du travail 205
Politique de gestion de la main-d'œuvre mise en place dans les entreprises pour

adapter la production et l'emploi aux fluctuations de la demande.

fluctuations économiques 26
Variations de l'activité économique ; quand ces fluctuations présentent une certaine régularité et périodicité, il s'agit alors de cycles économiques.

fluidité sociale 124
Mesure de la mobilité d'une catégorie par rapport à une autre.

formes pathologiques de la division du travail 162
Formes anormales prises par la solidarité organique dans des sociétés fragilisées.

G

groupes de statut 105
Classes résultant de la position des individus (économique, sociale et culturelle) dans l'ordre social.

I

indicateur de développement humain (IDH) 11
Indicateur qui prend en compte la dimension qualitative du progrès socio-économique. Compris entre 0 et 1 ; plus il est proche de 1, plus le niveau de développement est élevé.

inégalité 98
Différence qui se traduit en termes d'avantage et de désavantage et qui fonde une hiérarchie.

inégalités économiques 98
Inégalités salariales, de revenus et de patrimoine.

inégalités sociales 99
Inégalités en termes de pratiques culturelles, d'accès aux soins ou de logement mais également inégalités scolaires ou face à l'emploi.

investissement 12
« Valeur des biens durables acquis par les unités de production pour être utilisés pendant au moins un an dans le processus de production. » (Insee)

L

libre-échange 44
Système de commerce international reposant sur l'absence d'entrave à la circulation des biens et des services.

M

marché de quotas d'émission 83
Marché d'échange entre pollueurs et non pollueurs. La confrontation de l'offre et le la demande aboutit à la fixation d'un prix de CO_2.

mobilité intergénérationnelle 124
Mobilité qui permet de comparer les catégories socioprofessionnelles respectives des parents et des enfants.

mobilité intragénérationnelle 124
Mobilité qui permet de comparer la position sociale d'une personne à différents âges.

mobilité observée 124
Mobilité brute, telle qu'elle est exposée dans les tables.

mobilité sociale 124, 126
Changement fonctionnel dans la position sociale d'un individu.

moyennisation de la société 106
Atténuation des clivages sociaux dans la société accompagnée

d'un gonflement des couches sociales intermédiaires ou « moyennes ».

N

nomenclature des PCS 108
Classement qui découpe la société française en grandes catégories liées aux professions. Des classifications plus complexes ont été mises au point par le Bureau international du travail (BIT) et qui s'appuient sur d'autres critères : par exemple, la classification SEG en Grande-Bretagne.

nouveaux mouvements sociaux (NMS) 165
Luttes collectives apparues à la fin des années 1960 et dont les caractéristiques diffèrent des conflits du travail.

P

paradoxe d'Anderson 129
Un individu peut avoir un niveau de diplôme supérieur à son père, sans pour autant occuper une position sociale supérieure.

partenaires sociaux 191
Représentants des employeurs, des salariés et des pouvoirs publics.

pathologie de l'intégration 162
Inadaptation de l'individu à son milieu.

pauvreté 207
Le seuil de pauvreté est fixé à 60 % du revenu médian (revenu qui partage la population en deux).

politiques environnementales 80
Politiques qui ont pour objectif de cibler les mesures de préservation du patrimoine naturel et d'en définir les instruments.

précarité 206
Désigne un certain nombre de situations juste au-dessus de la pauvreté. Les emplois précaires sont les contrats à durée déterminée (CDD), apprentissage, intérim et contrats aidés.

prélèvements obligatoires 177
Ensemble des impôts, taxes et cotisations sociales prélevés par les organismes d'État et de protection sociale.

prestations 176
Transferts sociaux à destination des ménages.

productivité globale des facteurs .. 13
Rapport entre la production obtenue et les facteurs de production qui ont permis de réaliser cette production. Elle permet de mesurer l'efficacité des facteurs de production.

produit intérieur brut (PIB) 10
Agrégat représentant la valeur des biens et services produits pendant une année par les agents résidant sur le territoire national.

progrès technique 13
Ensemble des innovations qui instaurent de nouvelles manières de produire et de nouvelles combinaisons productives permettant des gains de productivité.

protectionnisme 45
Politique économique interventionniste consistant à protéger ses producteurs contre la concurrence des producteurs d'autres États.

protection sociale 176
Ensemble des institutions et des mécanismes fondés sur l'idée d'une solidarité nationale garantissant

des ressources aux individus placés dans des circonstances particulières (maladie, accident…).

R

redistribution 176
Prélèvement de ressources auprès de certaines catégories de la population qui sont redistribuées vers d'autres.

réglementation 82
Contrainte imposée par l'État (norme de pollution, limitation des gaz à effet de serre par le protocole de Kyoto, etc.).

régulation des conflits 161
Instauration de règles par des instances et des procédures qui pacifient les conflits afin de permettre leur règlement (syndicats, droit du travail).

résistance aux changements 161
Réticence à modifier les comportements, représentations ou idées pour des raisons autres que personnelles.

revenus de transfert 176
Revenus versés aux ménages par l'État ou par les organismes de redistribution sociale en fonction de leur situation sociale ou économique (maladie, chômage, retraite). Ils représentent près de 30 % des revenus distribués aux ménages.

S

salaire d'efficience 189
Salaire plus élevé que le salaire de marché versé par les employeurs pour inciter les salariés à fournir un effort maximum.

salaire minimum (SMIC) 191
Salaire horaire minimum en dessous duquel il est interdit de rémunérer un salarié.

segmentation du marché du travail 188
Partition du marché du travail en plusieurs compartiments, le marché primaire et le marché secondaire par exemple.

société post-matérialiste 165
Société dont les besoins matériels sont supposés satisfaits et dont les préoccupations vont donc se tourner vers d'autres besoins.

solidarité mécanique 144
Caractéristique des sociétés primitives (ressemblance entre les individus et forte conscience collective).

solidarité organique 144
Caractéristique des sociétés modernes (individus complémentaires et solidaires).

soutenabilité 76
Mesure du progrès social évaluée en fonction du bien-être des générations futures.

spécialisation 43
Répartition des activités productives entre les différents pays qui participent à l'échange international.

syndicat 164
Groupement professionnel ayant pour objet la défense matérielle de ses membres.

T

taux de chômage 202
Part des actifs inoccupés dans la population active.

taux d'emploi 202
Part des actifs occupés dans la population totale.

taux de salaire réel 187
Prix auquel s'échange le travail dans l'analyse néoclassique du marché du travail.

Crédits iconographiques

p. 4 & 9 © Wilson Wen/Featurechina/ROPI-REA
p. 5 & 59 © Age/footstock
p. 7 & 159 © Georges Bartoli / Fedephoto
p. 4 & 25 © Richard Drew / AP / SIPA
p. 6 & 97 © Richard Damoret/REA
p. 8 & 201 © Matthieu RONDEL/ReservoirPhoto

Maquette de principe : Frédéric Jély
Mise en page : CGI
Cartographie et schémas : Illustratek
Cartographie et schémas (rabats) : Domino
Illustrations : Étienne Lécroart
Iconographie : Veronica Brown / Hatier Illustration
Édition : Julie Deffontaines, Carole Caumont

PAPIER À BASE DE FIBRES CERTIFIÉES

Hatier s'engage pour l'environnement en réduisant l'empreinte carbone de ses livres. Celle de cet exemplaire est de :
500 g éq. CO_2
Rendez-vous sur www.hatier-durable.fr

IMPRIM'VERT

Achevé d'imprimer par BONA à Turin – Italie
Dépôt légal 97801-2/01 – mars 2014